国学经典诵读丛书

論語 大學

于向英 主编

中国书籍出版社

图书在版编目（CIP）数据

国学经典诵读丛书 / 于向英主编. -- 北京 : 中国书籍出版社，2015.4
ISBN 978-7-5068-4831-2

Ⅰ. ①国… Ⅱ. ①于… Ⅲ. ①国学－儿童读物 Ⅳ. ① Z126-49

中国版本图书馆 CIP 数据核字（2015）第 061210 号

国学经典诵读丛书

于向英　主编

责任编辑 / 庞　元　钱　浩
责任印制 / 孙马飞　马　芝
封面设计 / 岳霄峰
出版发行 / 中国书籍出版社
地　　址：北京市丰台区三路居路 97 号（邮编：100073）
电　　话：(010)52257143（总编室）　(010)52257140（发行部）
电子邮箱：chinabp@vip.sina.com
经　　销 / 全国新华书店
印　　刷 / 北京成业恒信印刷有限公司
开　　本 / 787 毫米 ×1092 毫米　1/16
印　　张 / 41
字　　数 / 138 千字
版　　次 / 2015 年 8 月第 1 版　2015 年 8 月第 1 次印刷
书　　号 / ISBN 978-7-5068-4831-2
定　　价 / 486.00 元（全四册）

序

從上世紀末至本世紀初所出現的『國學熱』，至今尚不足二十年，但國學的推廣、傳播和學習，却在中國大地上方興未艾。如今更已從學者的書齋中解放出來，康莊地走向企業、工廠、部隊，乃至中小學和幼兒園。人們在社會生活實踐中已充分認識到，國學或中國傳統文化對現代中國人的重要意義：無論是工人、農民，還是國家幹部；也無論是青年人、老年人，抑或幼兒園的孩子，可謂不分職業、男女、老幼，所有人都需要提高自己的文化素質、道德修養、精神境界和思想認識能力，否則就跟不上時代的迅猛發展，也不能完成中華民族偉大復興的宏圖大業。

現在，很多人都在思考如何擺脱由于功利主義、物質主義、拜金主義及工具理性膨脹所造成的精神焦慮和思想狂躁，中國要走出人類共同面對的道德危機和思想困境，似乎没有捷徑。因爲精神成長和靈魂净化，不是一朝一夕可以完成的，即古人所謂『冰凍三尺，非一日之寒』，故須『十年樹木，百年樹人』，衹有從每個人開始，甚至從娃娃抓起，并持之以恒，這種危機和困境方可在長久的文化熏陶和思想浸潤中得到救贖。如果沒有全民性，精神家園的修復也祇能是空談而已。

孔子曾感嘆地說：『德之不修，學之不講，聞義不能徙，不善不能改，是吾憂也。』不修養自己的品行德性，不講習學問，聽到符合正義的言論不能踐行，自己有缺點不能及時改正，這怎麼能不讓人感到憂慮呢？孟子也曾有這樣的感嘆，他說：『自暴者，不可與有言也；自弃者，不可與有爲也。言非禮義，謂之自暴也；吾身不能居仁由義，謂之自弃也。仁，人之安宅也；義，人之正路也。曠安宅而弗居，捨正路而不由，哀哉！』孟子認爲，對于那些在道德上自暴自弃的人，無法和他談論有意義的思想，也不能和他一起做出有價值的事業。什麼是『自暴』呢？一張口説話就違背禮義即是『自暴』，這叫自己殘害自己；自己不認爲能以仁居心、能由義而行，即是『自弃』，這就叫自己抛弃自己。仁是人類最安適的住宅，義是人類最正確的道路。把最安適的住宅空着不去住，把最正確的道路捨弃不去走，這不是人類最大的悲哀嗎？

一個人的學習或接受教育，乃是貫穿其一生的精神活動，其不可少亦不可間斷。《顔氏家訓》記有胎教之法：懷子三月，出居別宮，目不邪視，耳不妄聽，音聲滋味，以禮節之。生子孩提，師保固明孝仁禮義，導習之而使知正。當及嬰兒，識人顏色，知人喜怒，便加教誨。常見世間無教而有愛，飲食運爲，恣其所欲，宜誡反獎，應訶反笑，至有識知，謂法當爾。驕慢已習，方復制之，捶撻死而無威，忿怒日隆而增怨，逮于成長，終爲敗德。可見，從胎教到嬰兒出生，乃至成童，始終要有養成教育。可以說，這是最具基礎性的人性培養。因爲父母、家庭乃至社會，不僅應該是幼兒成長的搖籃，同時也是造就人性善惡的第一撮土壤。惻隱之心（同情心、憐憫心），乃至豺狼虎豹之性等等，幾乎都是在這最初的土壤中生根發芽的。

在古代教育中，幼兒之後，又有小學、大學之教。一般講，八歲入小學，十五歲入大學。名儒陳璇在其《小學句讀序》中説：『聖人之道，人倫而已，學之必自小學始。』大學之書，始自孔子，立言重教，有三綱領、八條目，程氏以爲入德之門。而小學自秦火後失傳，其教散見于傳記。至朱熹，輯《小學》一書，其宗旨亦在明人倫、持敬身之教。可見，從胎教到小學、大學之教，或從幼兒到少年、青年之學，正是一個人生命成長的關鍵時期，其學習活動一直貫穿始終，甚至一直到三十而立，乃至老之將至或耄耋之年，學習都是伴人一生而不可須臾離開的東西。它既是人生的清洗劑，可以不斷地洗去頭腦中的『塵埃』『污垢』；同時，它也是生命歷程中的一盞明燈，可以照亮前行的道路，點亮人生的智慧。故荀子曰：『學不可以已……君子博學而三省乎己，則知明而行無過矣。』

于向英女士是一位令人尊敬的幼兒園園長，在其二十年的幼教崗位上，一直關心國家的幼兒教育事業和孩子們的心智涵養及精神發展。多年來，她一直探索適合孩子們的國學讀本，并身體力行，在北大國學班學習國學經典、汲取其精華、體會其精神的基礎上，編纂了一套適合幼兒及其家長的『國學經典誦讀』叢書。其對經典的選擇，衹是一次初步嘗試，因中國傳統文化不僅内容繁多、體系龐大，源遠流長，而且字義古奥，意藴深邃，需家長、教師與孩子們共學，方能有所收獲。故此套叢書其用在啓蒙、其義在涵養，期冀有助于兒童成長和國家興旺。以上無可稱序，絮言而已。

李中華 二〇一四年冬于北京大學

自序

誦讀經典開拓心胸之志趣義理之學培養中華之儀禮

《教子要言》云：家欲興，必由家規始；家欲敗，必由家規頹廢始。欲子弟成人，須從自己所作所爲，有法有則，能爲子弟作榜樣始。《弟子規》及國學經典，無疑就是這個規，就是這個法。對幼兒來説，無疑是最基礎、最營養的需要。

二〇〇六年，母親將一本《弟子規》遞到我手上，説：『讓你們的孩子讀讀《弟子規》吧！』近幾年，國内的幼兒園陸續爲幼兒開設了國學誦讀課。我作爲從業二十年並曾在北大哲學系學習國學的幼兒園園長，更深知國學經典誦讀對于幼兒教育的重要性，故一直在思考和探索國學誦讀的方法和途徑。

當我開始四處搜集比較適合孩子國學閱讀的版本時，發現市面上既適合孩子閱讀又能還原經典本質的圖書非常少：有的是大字版，但沒有注音；有的是大字注音版，但是却按照現代閱讀方式橫排版的；有的是純粹按照古代竪排設計，但却沒有注音，字號也不够大，學起來不太方便。能不能還原國學經典本身樣式，設計出專爲幼兒國學教育之用的版本呢？

經過多次的版本比較、調研和徵求意見之後，我們盧溝橋街道第二幼兒園開發設計了這套特殊的國學經典版本。

首先是還原經典版本的原貌，采用繁體字竪排版，并且可以自由翻卷，握在手裏，從右向左翻看，讓閱讀者更直觀地感受、體味古人閱讀的姿態，有返古之感。

其次是滿足閱讀經典的現實需要，由于繁體字閱讀有一定難度，設計成大字版并且加上注音，減少了查詞環節，讓教學者和學習者的閱讀都輕鬆了不少。

也有人建議，此類圖書應該加上注釋，但我們考慮還是不加。一是爲保持圖書的原貌，二是注解各有不同，與注解者的年齡、角色和當時心境有很大關係。三是兒童還没有理解能力。『書讀百遍，其義自現。』兒童本是樂于念誦樂于反復的，尤其是團體的朗誦，抑揚頓挫、琅琅書聲，與唱兒歌無异，學習是愉快的。而反復多次，即能背誦，會背誦時，更是『樂之不疲』。若常加復習，以至于終生不忘，將成爲一生的文化資産。

讀誦經典，還可有『潛能開發』之功效：既可以提升兒童的專注力，可以提升兒童的記憶力。而專注力與記憶力，可以説是一切學習的基礎。

雖然這套書初衷是爲兒童設計，但後來我們發現，它同樣適用于成年人。七十年代至九十年代出生的成年人，在幼兒園、校園鮮有機會系統學習國學經典，衹能靠後期學習，所以對他們來説，這個版本也是非常合適的。

儘管我們在版本開發和國學誦讀方面開展了一些實踐探索，取得了一些成績，但由于現實社會的功利和浮躁，未來的路還很長，我們也希望與更多的國學誦讀推動者一起，爲經典傳播、滋養身心做出不懈的努力。

這套書的出版感謝樓宇烈老先生的指點，感謝中國新聞出版研究院林曉芳女士的大力支持，感謝廣州萬木書院千荷女士的建議，及中國書籍出版社編輯的督促，在此一并表示感謝。

是爲序。

于向英 字若彧 癸巳年仲秋

目録

論語

論
lún

語
yǔ

學而第一

子曰：『學而時習之，不亦悅乎？有朋自遠方來，不亦樂乎？人不知而不慍，不亦君子乎？』

有子曰：『其爲人也孝悌，而好犯上者，鮮矣；不好犯上而好作亂者，未之有也。君子務本，本立而道生。孝悌也者，其爲仁之本與！』

子曰：『巧言令色，鮮矣仁。』

曾子曰：『吾日三省吾身：為人謀而不忠乎？與朋友交而不信乎？傳不習乎？』

zēng zǐ yuē wú rì sān xǐng wú shēn wèi rén móu ér bù zhōng hū yǔ péng yǒu jiāo ér bú xìn hū chuán bù xí hū

子曰：『道千乘之國，敬事而信，節用而愛人，使民以時。』

zǐ yuē dǎo qiān shèng zhī guó jìng shì ér xìn jié yòng ér ài rén shǐ mín yǐ shí

子曰：『弟子入則孝，出則悌，謹而信，泛愛眾而親仁。行有餘力，則以學文。』

zǐ yuē dì zǐ rù zé xiào chū zé tì jǐn ér xìn fàn ài zhòng ér qīn rén xíng yǒu yú lì zé yǐ xué wén

子夏曰：『賢賢易色，事父母能竭

zǐ xià yuē xián xián yì sè shì fù mǔ néng jié

其(qí)力(lì)；事(shì)君(jūn)能(néng)致(zhì)其(qí)身(shēn)；與(yǔ)朋(péng)友(yǒu)交(jiāo)，言(yán)而(ér)有(yǒu)信(xìn)。雖(suī)曰(yuē)未(wèi)學(xué)，吾(wú)必(bì)謂(wèi)之(zhī)學(xué)矣(yǐ)。』

子(zǐ)曰(yuē)：『君(jūn)子(zǐ)不(bú)重(zhòng)則(zé)不(bù)威(wēi)，學(xué)則(zé)不(bú)固(gù)。主(zhǔ)忠(zhōng)信(xìn)。無(wú)友(yǒu)不(bù)如(rú)己(jǐ)者(zhě)。過(guò)則(zé)勿(wù)憚(dàn)改(gǎi)。』

曾(zēng)子(zǐ)曰(yuē)：『慎(shèn)終(zhōng)，追(zhuī)遠(yuǎn)，民(mín)德(dé)歸(guī)厚(hòu)矣(yǐ)。』

子(zǐ)禽(qín)問(wèn)于(yú)子(zǐ)貢(gòng)曰(yuē)：『夫(fū)子(zǐ)至(zhì)于(yú)是(shì)邦(bāng)也(yě)，必(bì)聞(wén)其(qí)政(zhèng)。求(qiú)之(zhī)與(yú)，抑(yì)與(yǔ)之(zhī)

與？』子貢曰：『夫子温、良、恭、儉、讓
yǔ zǐ gòng yuē fū zǐ wēn liáng gōng jiǎn ràng

以得之。夫子之求之也，其諸異乎
yǐ dé zhī fū zǐ zhī qiú zhī yě qí zhū yì hū

人之求之與！』
rén zhī qiú zhī yú

子曰：『父在，觀其志；父沒，觀其
zǐ yuē fù zài guān qí zhì fù mò guān qí

行。三年無改于父之道，可謂孝矣。』
xíng sān nián wú gǎi yú fù zhī dào kě wèi xiào yǐ

有子曰：『禮之用，和爲貴。先王之
yǒu zǐ yuē lǐ zhī yòng hé wéi guì xiān wáng zhī

道，斯爲美，小大由之。有所不行，知
dào sī wéi měi xiǎo dà yóu zhī yǒu suǒ bù xíng zhī

和而和，不以禮節之，亦不可行也。』
hé ér hé bù yǐ lǐ jié zhī yì bù kě xíng yě

有子曰：『信近于義，言可復也。恭
yǒu zǐ yuē xìn jìn yú yì yán kě fù yě gōng

近于禮，遠恥辱也。因不失其親，亦
jìn yú lǐ, yuǎn chǐ rǔ yě. yīn bù shī qí qīn, yì

可宗也。』
kě zōng yě.

子曰：『君子食無求飽，居無求
zǐ yuē: jūn zǐ shí wú qiú bǎo, jū wú qiú

安。敏于事而慎于言，就有道而正
ān. mǐn yú shì ér shèn yú yán, jiù yǒu dào ér zhèng

焉，可謂好學也矣。』
yān, kě wèi hào xué yě yǐ.

子貢曰：『貧而無諂，富而無驕。
zǐ gòng yuē: pín ér wú chǎn, fù ér wú jiāo.

何如？』子曰：『可也。未若貧而樂，富而
hé rú? zǐ yuē: kě yě. wèi ruò pín ér lè, fù ér

好禮者也。』子貢曰：『詩云：「如切如
hào lǐ zhě yě. zǐ gòng yuē: shī yún: rú qiē rú

磋，如琢如磨。」其斯之謂與？』子曰：
cuō, rú zhuó rú mó. qí sī zhī wèi yú? zǐ yuē:

『賜也，始可與言詩已矣，告諸往而知來者。』

子曰：『不患人之不己知，患不知人也。』

爲政第二
wéi zhèng dì èr

子曰：「爲政以德，譬如北辰，居其所而衆星共之。」
zǐ yuē wéi zhèng yǐ dé pì rú běi chén jū qí suǒ ér zhòng xīng gǒng zhī

子曰：「《詩》三百，一言以蔽之，曰：『思無邪。』」
zǐ yuē shī sān bǎi yì yán yǐ bì zhī yuē sī wú xié

子曰：「道之以政，齊之以刑，民免而無恥；道之以德，齊之以禮，有恥且格。」
zǐ yuē dǎo zhī yǐ zhèng qí zhī yǐ xíng mín miǎn ér wú chǐ dǎo zhī yǐ dé qí zhī yǐ lǐ yǒu chǐ qiě gé

子曰：「吾十有五而志于學，三十
zǐ yuē wú shí yòu wǔ ér zhì yú xué sān shí

而立，四十而不惑，五十而知天命，六十而耳順，七十而從心所欲，不逾矩。」

孟懿子問孝。子曰：「無違。」

樊遲御，子告之曰：「孟孫問孝于我，我對曰：『無違。』」樊遲曰：「何謂也？」子曰：「生，事之以禮；死，葬之以禮，祭之以禮。」

孟武伯問孝。子曰：「父母唯其疾

之憂。」

zhī yōu

子游問孝。子曰：「今之孝者，是謂能養。至于犬馬，皆能有養；不敬，何以別乎？」

zǐ yóu wèn xiào zǐ yuē jīn zhī xiào zhě shì wèi néng yǎng zhì yú quǎn mǎ jiē néng yǒu yǎng bú jìng hé yǐ bié hū

子夏問孝。子曰：「色難。有事，弟子服其勞；有酒食，先生饌，曾是以爲孝乎？」

zǐ xià wèn xiào zǐ yuē sè nán yǒu shì dì zǐ fú qí láo yǒu jiǔ shí xiān shēng zhuàn céng shì yǐ wéi xiào hū

子曰：「吾與回言終日，不違，如愚。退而省其私，亦足以發。回也不愚！」

zǐ yuē wú yǔ huí yán zhōng rì bù wéi rú yú tuì ér xǐng qí sī yì zú yǐ fā huí yě bù yú

子曰：『視其所以，觀其所由，察其所安，人焉廋哉！人焉廋哉！』

zǐ yuē： shì qí suǒ yǐ， guān qí suǒ yóu， chá qí suǒ ān， rén yān sōu zāi！ rén yān sōu zāi！

子曰：『温故而知新，可以爲師矣。』

zǐ yuē： wēn gù ér zhī xīn， kě yǐ wéi shī yǐ。

子曰：『君子不器。』

zǐ yuē： jūn zǐ bú qì。

子貢問君子。子曰：『先行其言，而後從之。』

zǐ gòng wèn jūn zǐ。 zǐ yuē： xiān xíng qí yán， ér hòu cóng zhī。

子曰：『君子周而不比，小人比而不周。』

zǐ yuē： jūn zǐ zhōu ér bù bǐ， xiǎo rén bǐ ér bù zhōu。

子曰：『學而不思則罔，思而不學則殆。』
zǐ yuē： xué ér bù sī zé wǎng， sī ér bù xué zé dài。

子曰：『攻乎異端，斯害也已。』
zǐ yuē： gōng hū yì duān， sī hài yě yǐ。

子曰：『由，誨女知之乎？知之爲知之，不知爲不知，是知也。』
zǐ yuē： yóu， huì rǔ zhī zhī hū？ zhī zhī wéi zhī zhī， bù zhī wéi bù zhī， shì zhì yě。

子張學干祿。子曰：『多聞闕疑，慎言其餘，則寡尤。多見闕殆，慎行其餘，則寡悔。言寡尤，行寡悔，祿在其中矣！』
zǐ zhāng xué gān lù。 zǐ yuē： duō wén quē yí， shèn yán qí yú， zé guǎ yóu。 duō jiàn quē dài， shèn xíng qí yú， zé guǎ huǐ。 yán guǎ yóu， xíng guǎ huǐ， lù zài qí zhōng yǐ！

哀公問曰：『何爲則民服？』孔子對
āi gōng wèn yuē hé wéi zé mín fú kǒng zǐ duì

曰：『舉直錯諸枉，則民服；舉枉錯諸
yuē jǔ zhí cuò zhū wǎng zé mín fú jǔ wǎng cuò zhū

直，則民不服。』
zhí zé mín bù fú

季康子問：『使民敬、忠以勸，如
jì kāng zǐ wèn shǐ mín jìng zhōng yǐ quàn rú

之何？』子曰：『臨之以莊，則敬；孝慈則
zhī hé zǐ yuē lín zhī yǐ zhuāng zé jìng xiào cí zé

忠；舉善而教不能，則勸。』
zhōng jǔ shàn ér jiāo bù néng zé quàn

或謂孔子曰：『子奚不爲政？』子
huò wèi kǒng zǐ yuē zǐ xī bù wéi zhèng zǐ

曰：『《書》云：「孝乎惟孝，友于兄弟。」施
yuē shū yún xiào hū wéi xiào yǒu yú xiōng di shī

于有政。」是亦爲政，奚其爲爲政？』
yú yǒu zhèng shì yì wéi zhèng xī qí wéi wéi zhèng

子曰：『人而無信，不知其可也。大車無輗，小車無軏，其何以行之哉？』

zǐ yuē rén ér wú xìn bù zhī qí kě yě dà chē wú ní xiǎo chē wú yuè qí hé yǐ xíng zhī zāi

子張問：『十世可知也？』子曰：『殷因于夏禮，所損益可知也。周因于殷禮，所損益可知也。其或繼周者，雖百世，可知也。』

zǐ zhāng wèn shí shì kě zhī yě zǐ yuē yīn yīn yú xià lǐ suǒ sǔn yì kě zhī yě zhōu yīn yú yīn lǐ suǒ sǔn yì kě zhī yě qí huò jì zhōu zhě suī bǎi shì kě zhī yě

子曰：『非其鬼而祭之，諂也；見義不爲，無勇也。』

zǐ yuē fēi qí guǐ ér jì zhī chǎn yě jiàn yì bù wéi wú yǒng yě

八佾第三
bā yì dì sān

孔子謂季氏：『八佾舞于庭，是可忍也，孰不可忍也？』
kǒng zǐ wèi jì shì：『bā yì wǔ yú tíng，shì kě rěn yě，shú bù kě rěn yě？』

三家者以《雍》徹。子曰：『「相維辟公，天子穆穆。」奚取于三家之堂？』
sān jiā zhě yǐ《yōng》chè。zǐ yuē：『「xiāng wéi bì gōng，tiān zǐ mù mù。」xī qǔ yú sān jiā zhī táng？』

子曰：『人而不仁，如禮何？人而不仁，如樂何？』
zǐ yuē：『rén ér bù rén，rú lǐ hé？rén ér bù rén，rú yuè hé？』

林放問禮之本。子曰：『大哉問！禮，與其奢也，寧儉；喪，與其易也，
lín fàng wèn lǐ zhī běn。zǐ yuē：『dà zāi wèn！lǐ，yǔ qí shē yě，nìng jiǎn；sāng，yǔ qí yì yě，

寧戚。』
níng qī

子曰：『夷狄之有君，不如諸夏之
zǐ yuē yí dí zhī yǒu jūn bù rú zhū xià zhī

亡也。』
wú yě

季氏旅于泰山。子謂冉有曰：『汝
jì shì lǚ yú tài shān zǐ wèi rǎn yǒu yuē rǔ

弗能救與？』對曰：『不能。』子曰：『嗚
fú néng jiù yú duì yuē bù néng zǐ yuē wū

呼！曾謂泰山不如林放乎？』
hū céng wèi tài shān bù rú lín fàng hū

子曰：『君子無所爭，必也射乎！揖
zǐ yuē jūn zǐ wú suǒ zhēng bì yě shè hū yī

讓而升，下而飲。其爭也君子。』
ràng ér shēng xià ér yǐn qí zhēng yě jūn zǐ

子夏問曰：『「巧笑倩兮，美目盼
zǐ xià wèn yuē qiǎo xiào qiàn xī měi mù pàn

兮，素以爲絢兮。』何謂也？」子曰：「繪
xī sù yǐ wéi xuàn xī hé wèi yě zǐ yuē huì

事後素。」曰：「禮後乎？」子曰：「起予者
shì hòu sù yuē lǐ hòu hū zǐ yuē qǐ yú zhě

商也，始可與言《詩》已矣。」
shāng yě shǐ kě yǔ yán shī yǐ yǐ

子曰：「夏禮吾能言之，杞不足徵
zǐ yuē xià lǐ wú néng yán zhī qǐ bù zú zhēng

也；殷禮吾能言之，宋不足徵也。文
yě yīn lǐ wú néng yán zhī sòng bù zú zhēng yě wén

獻不足故也。足，則吾能徵之矣。」
xiàn bù zú gù yě zú zé wú néng zhēng zhī yǐ

子曰：「禘自既灌而往者，吾不欲
zǐ yuē tì zì jì guàn ér wǎng zhě wú bú yù

觀之矣。」
guān zhī yǐ

或問禘之說。子曰：「不知也。知其
huò wèn dì zhī shuō zǐ yuē bù zhī yě zhī qí

說者之于天下也，其如示諸斯乎？』
shuō zhě zhī yú tiān xià yě qí rú shì zhū sī hū

指其掌。
zhǐ qí zhǎng

祭如在，祭神如神在。子曰：『吾
jì rú zài jì shén rú shén zài zǐ yuē wú

不與祭，如不祭。』
bú yù jì rú bú jì

王孫賈問曰：『與其媚于奧，寧媚
wáng sūn jiǎ wèn yuē yǔ qí mèi yú ào nìng mèi

于竈，何謂也？』子曰：『不然，獲罪于
yú zào hé wèi yě zǐ yuē bù rán huò zuì yú

天，無所禱也。』
tiān wú suǒ dǎo yě

子曰：『周監于二代，鬱鬱乎文
zǐ yuē zhōu jiàn yú èr dài yù yù hū wén

哉！吾從周。』
zāi wú cóng zhōu

子入太廟，每事問。或曰：「孰謂鄹人之子知禮乎？入太廟，每事問。」子聞之，曰：「是禮也。」

子曰：「射不主皮，爲力不同科，古之道也。」

子貢欲去告朔之餼羊。子曰：「賜也！爾愛其羊，我愛其禮。」

子曰：「事君盡禮，人以爲諂也。」

定公問：「君使臣，臣事君，如之

何(hé)？』孔(kǒng)子(zǐ)對(duì)曰(yuē)：『君(jūn)使(shǐ)臣(chén)以(yǐ)禮(lǐ)，臣(chén)事(shì)君(jūn)

以(yǐ)忠(zhōng)。』

子(zǐ)曰(yuē)：『《關(guān)雎(jū)》，樂(lè)而(ér)不(bù)淫(yín)，哀(āi)而(ér)不(bù)

傷(shāng)。』

哀(āi)公(gōng)問(wèn)社(shè)于(yú)宰(zǎi)我(wǒ)。宰(zǎi)我(wǒ)對(duì)曰(yuē)：『夏(xià)

后(hòu)氏(shì)以(yǐ)松(sōng)，殷(yīn)人(rén)以(yǐ)柏(bǎi)，周(zhōu)人(rén)以(yǐ)栗(lì)，

曰(yuē)，使(shǐ)民(mín)戰(zhàn)栗(lì)。』子(zǐ)聞(wén)之(zhī)曰(yuē)：『成(chéng)事(shì)不(bù)

說(shuō)，遂(suì)事(shì)不(bú)諫(jiàn)，既(jì)往(wǎng)不(bú)咎(jiù)。』

子(zǐ)曰(yuē)：『管(guǎn)仲(zhòng)之(zhī)器(qì)小(xiǎo)哉(zāi)！』

或曰：「管仲儉乎？」曰：「管氏有三
huò yuē guǎn zhòng jiǎn hū yuē guǎn shì yǒu sān

歸，官事不攝，焉得儉？」
guī guān shì bú shè yān dé jiǎn

「然則管仲知禮乎？」曰：「邦君樹
rán zé guǎn zhòng zhī lǐ hū yuē bāng jūn shù

塞門，管氏亦樹塞門。邦君為兩君之
sè mén guǎn shì yì shù sè mén bāng jūn wèi liǎng jūn zhī

好，有反坫，管氏亦有反坫。管氏而
hǎo yǒu fǎn diàn guǎn shì yì yǒu fǎn diàn guǎn shì ér

知禮，孰不知禮？」
zhī lǐ shú bù zhī lǐ

子語魯太師樂，曰：「樂，其可知
zǐ yù lǔ tài shī yuè yuē yuè qí kě zhī

也。始作，翕如也；從之，純如也，皦如
yě shǐ zuò xī rú yě zòng zhī chún rú yě jiǎo rú

也，繹如也，以成。」
yě yì rú yě yǐ chéng

儀封人請見，曰：『君子之至于斯
yí fēng rén qǐng jiàn, yuē: jūn zǐ zhī zhì yú sī

也，吾未嘗不得見也。』從者見之。出
yě, wú wèi cháng bù dé jiàn yě. cóng zhě jiàn zhī. chū

曰：『二三子何患于喪乎？天下之無
yuē: èr sān zǐ hé huàn yú sàng hū? tiān xià zhī wú

道也久矣，天將以夫子爲木鐸。』
dào yě jiǔ yǐ, tiān jiāng yǐ fū zǐ wéi mù duó.

子謂《韶》：『盡美矣，又盡善也。』
zǐ wèi 《sháo》: jìn měi yǐ, yòu jìn shàn yě.

謂《武》：『盡美矣，未盡善也。』
wèi 《wǔ》: jìn měi yǐ, wèi jìn shàn yě.

子曰：『居上不寬，爲禮不敬，臨
zǐ yuē: jū shàng bù kuān, wéi lǐ bú jìng, lín

喪不哀，吾何以觀之哉？』
sāng bù āi, wú hé yǐ guān zhī zāi?

里仁第四

子曰：「里仁爲美。擇不處仁，焉得知？」

子曰：「不仁者，不可以久處約，不可以長處樂。仁者安仁，知者利仁。」

子曰：「唯仁者能好人，能惡人。」

子曰：「苟志于仁矣，無惡也。」

子曰：「富與貴，是人之所欲也，不以其道得之，不處也。貧與賤，是人之所惡也，不以其道得之，不去也。
zhī suǒ wù yě, bù yǐ qí dào dé zhī, bú qù yě.

君子去仁，惡乎成名？君子無終食
jūn zǐ qù rén, wū hū chéng míng? jūn zǐ wú zhōng shí

之間違仁，造次必于是，顛沛必于
zhī jiān wéi rén, zào cì bì yú shì, diān pèi bì yú

是。』
shì.

子曰：『我未見好仁者、惡不仁
zǐ yuē: wǒ wèi jiàn hào rén zhě, wù bù rén

者。好仁者，無以尚之；惡不仁者，其
zhě. hào rén zhě, wú yǐ shàng zhī; wù bù rén zhě, qí

爲仁矣，不使不仁者加乎其身。有能
wéi rén yǐ, bù shǐ bù rén zhě jiā hū qí shēn. yǒu néng

一日用其力于仁矣乎？我未見力不
yí rì yòng qí lì yú rén yǐ hū? wǒ wèi jiàn lì bù

足者。蓋有之矣，我未之見也。』
zú zhě. gài yǒu zhī yǐ, wǒ wèi zhī jiàn yě.

子曰：『人之過也，各于其黨。觀過，斯知仁矣。』

子曰：『朝聞道，夕死可矣！』

子曰：『士志于道，而恥惡衣惡食者，未足與議也！』

子曰：『君子之于天下也，無適也，無莫也，義之與比。』

子曰：『君子懷德，小人懷土。君子懷刑，小人懷惠。』

子曰：『放于利而行，多怨。』

zǐ yuē：『fǎng yú lì ér xíng，duō yuàn。』

子曰：『能以禮讓爲國乎，何有？不能以禮讓爲國，如禮何？』

zǐ yuē：『néng yǐ lǐ ràng wéi guó hū，hé yǒu？bù néng yǐ lǐ ràng wéi guó，rú lǐ hé？』

子曰：『不患無位，患所以立。不患莫己知，求爲可知也。』

zǐ yuē：『bú huàn wú wèi，huàn suǒ yǐ lì。bú huàn mò jǐ zhī，qiú wéi kě zhī yě。』

子曰：『參乎！吾道一以貫之。』曾子曰：『唯。』

zǐ yuē：『shēn hū！wú dào yī yǐ guàn zhī。』zēng zǐ yuē：『wéi。』

子出，門人問曰：『何謂也？』曾子曰：『夫子之道，忠恕而已矣！』

zǐ chū，mén rén wèn yuē：『hé wèi yě？』zēng zǐ yuē：『fū zǐ zhī dào，zhōng shù ér yǐ yǐ！』

子曰：『君子喻于義，小人喻于利。』

zǐ yuē jūn zǐ yù yú yì xiǎo rén yù yú lì

子曰：『見賢思齊焉，見不賢而內自省也。』

zǐ yuē jiàn xián sī qí yān jiàn bù xián ér nèi zì xǐng yě

子曰：『事父母幾諫，見志不從，又敬不違，勞而不怨。』

zǐ yuē shì fù mǔ jī jiàn jiàn zhì bú cóng yòu jìng bù wéi láo ér bú yuàn

子曰：『父母在，不遠游，游必有方。』

zǐ yuē fù mǔ zài bù yuǎn yóu yóu bì yǒu fāng

子曰：『三年無改于父之道，可謂孝矣。』

zǐ yuē sān nián wú gǎi yú fù zhī dào kě wèi xiào yǐ

子曰：『父母之年，不可不知也。一則以喜，一則以懼。』

zǐ yuē fù mǔ zhī nián bù kě bù zhī yě yì zé yǐ xǐ yì zé yǐ jù

子曰：『古者言之不出，恥恭之不逮也。』

zǐ yuē gǔ zhě yán zhī bù chū chǐ gōng zhī bú dài yě

子曰：『以約失之者鮮矣！』

zǐ yuē yǐ yuē shī zhī zhě xiǎn yǐ

子曰：『君子欲訥于言而敏于行。』

zǐ yuē jūn zǐ yù nè yú yán ér mǐn yú xíng

子曰：『德不孤，必有鄰。』

zǐ yuē dé bù gū bì yǒu lín

子游曰：『事君數，斯辱矣；朋友數，斯疏矣。』

zǐ yóu yuē shì jūn shuò sī rǔ yǐ péng yǒu shuò sī shū yǐ

公冶長第五

子謂公冶長：『可妻也，雖在縲絏之中，非其罪也。』以其子妻之。

子謂南容：『邦有道，不廢；邦無道，免于刑戮。』以其兄之子妻之。

子謂子賤：『君子哉若人！魯無君子者，斯焉取斯？』

子貢問曰：『賜也何如？』子曰：『女器也。』曰：『何器也？』曰：『瑚璉也。』

或曰：「雍也仁而不佞。」子曰：「焉用佞？御人以口給，屢憎于人。不知其仁，焉用佞？」

子使漆雕開仕。對曰：「吾斯之未能信。」子說。

子曰：「道不行，乘桴浮于海，從我者其由與？」子路聞之喜。子曰：「由也好勇過我，無所取材。」

孟武伯問：「子路仁乎？」子曰：「不

知也。」又問。子曰：「由也，千乘之國，可使治其賦也，不知其仁也。」

zhī yě yòu wèn zǐ yuē yóu yě qiān shèng zhī guó kě shǐ zhì qí fù yě bù zhī qí rén yě

「求也何如？」子曰：「求也，千室之邑，百乘之家，可使為之宰也，不知其仁也。」

qiú yě hé rú zǐ yuē qiú yě qiān shì zhī yì bǎi shèng zhī jiā kě shǐ wèi zhī zǎi yě bù zhī qí rén yě

「赤也何如？」子曰：「赤也，束帶立于朝，可使與賓客言也，不知其仁也。」

chì yě hé rú zǐ yuē chì yě shù dài lì yú cháo kě shǐ yǔ bīn kè yán yě bù zhī qí rén yě

子謂子貢曰：「女與回也孰愈？」

zǐ wèi zǐ gòng yuē rǔ yǔ huí yě shú yù

對曰：『賜也何敢望回！回也聞一以
duì yuē cì yě hé gǎn wàng huí huí yě wén yī yǐ

知十，賜也聞一以知二。』子曰：『弗如
zhī shí cì yě wén yī yǐ zhī èr zǐ yuē fú rú

也，吾與女弗如也。』
yě wú yǔ rǔ fú rú yě

宰予晝寢。子曰：『朽木不可雕
zǎi yú zhòu qǐn zǐ yuē xiǔ mù bù kě diāo

也，糞土之墻不可圬也。於予與何
yě fèn tǔ zhī qiáng bù kě wū yě yú yú yú hé

誅？』子曰：『始吾於人也，聽其言而信
zhū zǐ yuē shǐ wú yú rén yě tīng qí yán ér xìn

其行；今吾於人也，聽其言而觀其
qí xíng jīn wú yú rén yě tīng qí yán ér guān qí

行。於予與改是。』
xíng yú yú yú gǎi shì

子曰：『吾未見剛者。』或對曰：『申
zǐ yuē wú wèi jiàn gāng zhě huò duì yuē shēn

棖。」子曰：「棖也欲，焉得剛？」
chéng zǐ yuē chéng yě yù yān dé gāng

子貢曰：「我不欲人之加諸我
zǐ gòng yuē wǒ bú yù rén zhī jiā zhū wǒ

也，吾亦欲無加諸人。」子曰：「賜也，非
yě wú yì yù wú jiā zhū rén zǐ yuē cì yě fēi

爾所及也！」
ěr suǒ jí yě

子貢曰：「夫子之文章，可得而聞
zǐ gòng yuē fū zǐ zhī wén zhāng kě dé ér wén

也；夫子之言性與天道，不可得而聞
yě fū zǐ zhī yán xìng yǔ tiān dào bù kě dé ér wén

也。」
yě

子路有聞，未之能行，唯恐有聞。
zǐ lù yǒu wén wèi zhī néng xíng wéi kǒng yǒu wén

子貢問曰：「孔文子何以謂之
zǐ gòng wèn yuē kǒng wén zǐ hé yǐ wèi zhī

「文」也？』子曰：『敏而好學，不恥下
wén yě zǐ yuē mǐn ér hào xué bù chǐ xià

問，是以謂之「文」也。』
wèn shì yǐ wèi zhī wén yě

子謂子產：『有君子之道四焉：其
zǐ wèi zǐ chǎn yǒu jūn zǐ zhī dào sì yān qí

行己也恭，其事上也敬，其養民也
xíng jǐ yě gōng qí shì shàng yě jìng qí yǎng mín yě

惠，其使民也義。』
huì qí shǐ mín yě yì

子曰：『晏平仲善與人交，久而
zǐ yuē yàn píng zhòng shàn yǔ rén jiāo jiǔ ér

敬之。』
jìng zhī

子曰：『臧文仲居蔡，山節藻悅，何
zǐ yuē zāng wén zhòng jū cài shān jié zǎo yuè hé

如其知也！』
rú qí zhì yě

子張問曰：「令尹子文三仕爲令尹，無喜色；三已之，無愠色。舊令尹之政，必以告新令尹。何如？」子曰：「忠矣。」曰：「仁矣乎？」曰：「未知。焉得仁？」

「崔子弑齊君，陳文子有馬十乘，棄而違之。至于他邦，則曰：『猶吾大夫崔子也。』違之。之一邦，則又曰：『猶吾大夫崔子也。』違之。何如？」子曰：「清矣。」曰：「仁矣乎？」曰：「未知。焉得仁？』
dé rén

季文子三思而後行。子聞之，曰：『再，斯可矣！』
jì wén zǐ sān sī ér hòu xíng zǐ wén zhī yuē zài sī kě yǐ

子曰：『寧武子，邦有道則知，邦無道則愚。其知可及也，其愚不可及也。』
zǐ yuē nìng wǔ zǐ bāng yǒu dào zé zhī bāng wú dào zé yú qí zhì kě jí yě qí yú bù kě jí yě

子在陳，曰：『歸與！歸與！吾黨之小子狂簡，斐然成章，不知所以裁之！』
zǐ zài chén yuē guī yú guī yú wú dǎng zhī xiǎo zǐ kuáng jiǎn fěi rán chéng zhāng bù zhī suǒ yǐ cái zhī

子曰：「伯夷、叔齊不念舊惡，怨
zǐ yuē bó yí shū qí bú niàn jiù è yuàn

是用希。」
shì yòng xī

子曰：「孰謂微生高直？或乞醯
zǐ yuē shú wèi wēi shēng gāo zhí huò qǐ xī

焉，乞諸其鄰而與之。」
yān qǐ zhū qí lín ér yǔ zhī

子曰：「巧言、令色、足恭，左丘明恥
zǐ yuē qiǎo yán lìng sè zú gōng zuǒ qiū míng chǐ

之，丘亦恥之。匿怨而友其人，左丘
zhī qiū yì chǐ zhī nì yuàn ér yǒu qí rén zuǒ qiū

明恥之，丘亦恥之。」
míng chǐ zhī qiū yì chǐ zhī

顏淵、季路侍。子曰：「盍各言爾
yán yuān jì lù shì zǐ yuē hé gè yán ěr

志？」子路曰：「願車馬，衣輕裘與朋
zhì zǐ lù yuē yuàn chē mǎ yì qīng qiú yǔ péng

友共，敝之而無憾。』顔淵曰：『願無伐善，無施勞。』子路曰：『願聞子之志！』子曰：『老者安之，朋友信之，少者懷之。』

子曰：『已矣乎！吾未見能見其過而内自訟者也。』

子曰：『十室之邑，必有忠信如丘者焉，不如丘之好學也！』

雍也第六

子曰：「雍也可使南面。」

仲弓問子桑伯子。子曰：「可也簡。」仲弓曰：「居敬而行簡，以臨其民，不亦可乎？居簡而行簡，無乃大簡乎？」子曰：「雍之言然。」

哀公問：「弟子孰爲好學？」孔子對曰：「有顏回者好學，不遷怒，不貳過。不幸短命死矣！今也則亡，未聞好學者也。』
hào xué zhě yě

子華使於齊，冉子爲其母請
zǐ huá shǐ yú qí rǎn zǐ wèi qí mǔ qǐng

粟。子曰：『與之釜。』請益。曰：『與之
sù zǐ yuē yǔ zhī fǔ qǐng yì yuē yǔ zhī

庾。』冉子與之粟五秉。子曰：『赤之適
yǔ rǎn zǐ yǔ zhī sù wǔ bǐng zǐ yuē chì zhī shì

齊也，乘肥馬，衣輕裘。吾聞之也，君
qí yě chéng féi mǎ yī qīng qiú wú wén zhī yě jūn

子周急不繼富。』
zǐ zhōu jí bú jì fù

原思爲之宰，與之粟九百，辭。子
yuán sī wéi zhī zǎi yǔ zhī sù jiǔ bǎi cí zǐ

曰：『毋！以與爾鄰里鄉黨乎！』
yuē wú yǐ yǔ ěr lín lǐ xiāng dǎng hū

子謂仲弓，曰：『犁牛之子騂且
zǐ wèi zhòng gōng yuē lí niú zhī zǐ xīn qiě

角，雖欲勿用，山川其捨諸？』
jiǎo suī yù wù yòng shān chuān qí shě zhū

子曰：『回也，其心三月不違仁；其
zǐ yuē huí yě qí xīn sān yuè bù wéi rén qí

餘則日月至焉而已矣。』
yú zé rì yuè zhì yān ér yǐ yǐ

季康子問：『仲由可使從政也
jì kāng zǐ wèn zhòng yóu kě shǐ cóng zhèng yě

與？』子曰：『由也果，于從政乎何有？』
yú zǐ yuē yóu yě guǒ yú cóng zhèng hū hé yǒu

曰：『賜也可使從政也與？』曰：『賜也
yuē cì yě kě shǐ cóng zhèng yě yú yuē cì yě

達，于從政乎何有！』曰：『求也可使從政
dá yú cóng zhèng hū hé yǒu yuē qiú yě kě shǐ cóng zhèng

也與？』曰：『求也藝，于從政乎何有？』
yě yú yuē qiú yě yì yú cóng zhèng hū hé yǒu

季氏使閔子騫爲費宰。閔子騫
jì shì shǐ mǐn zǐ qiān wéi bì zǎi mǐn zǐ qiān

曰(yuē)：『善(shàn)爲(wèi)我(wǒ)辭(cí)焉(yān)！如(rú)有(yǒu)復(fù)我(wǒ)者(zhě)，則(zé)吾(wú)
必(bì)在(zài)汶(wèn)上(shàng)矣(yǐ)。』

伯(bó)牛(niú)有(yǒu)疾(jí)，子(zǐ)問(wèn)之(zhī)，自(zì)牖(yǒu)執(zhí)其(qí)
手(shǒu)，曰(yuē)：『亡(wáng)之(zhī)，命(mìng)矣(yǐ)夫(fū)！斯(sī)人(rén)也(yě)而(ér)有(yǒu)斯(sī)
疾(jí)也(yě)！斯(sī)人(rén)也(yě)，而(ér)有(yǒu)斯(sī)疾(jí)也(yě)！』

子(zǐ)曰(yuē)：『賢(xián)哉(zāi)，回(huí)也(yě)！一(yì)簞(dān)食(sì)，一(yì)瓢(piáo)
飲(yǐn)，在(zài)陋(lòu)巷(xiàng)，人(rén)不(bù)堪(kān)其(qí)憂(yōu)，回(huí)也(yě)不(bù)改(gǎi)
其(qí)樂(lè)。賢(xián)哉(zāi)，回(huí)也(yě)！』

冉(rǎn)求(qiú)曰(yuē)：『非(fēi)不(bú)說(yuè)子(zǐ)之(zhī)道(dào)，力(lì)不(bù)足(zú)

也。』子曰：『力不足者，中道而廢。今
yě zǐ yuē lì bù zú zhě zhōng dào ér fèi jīn

女畫。』
rǔ huà

子謂子夏曰：『女爲君子儒，無爲
zǐ wèi zǐ xià yuē rǔ wéi jūn zǐ rú wú wéi

小人儒。』
xiǎo rén rú

子游爲武城宰。子曰：『女得人
zǐ yóu wéi wǔ chéng zǎi zǐ yuē rǔ dé rén

焉爾乎？』曰：『有澹臺滅明者，行不
yān ěr hū yuē yǒu tán tái miè míng zhě xíng bù

由徑，非公事，未嘗至於偃之室也。』
yóu jìng fēi gōng shì wèi cháng zhì yú yǎn zhī shì yě

子曰：『孟之反不伐，奔而殿，將入
zǐ yuē mèng zhī fǎn bù fá bēn ér diàn jiāng rù

門，策其馬，曰：「非敢後也，馬不進也！」』
mén cè qí mǎ yuē fēi gǎn hòu yě mǎ bú jìn yě

子曰：『不有祝鮀之佞，而有宋朝之美，難乎免于今之世矣。』
zǐ yuē：bù yǒu zhù tuó zhī nìng，ér yǒu sòng zhāo zhī měi，nán hū miǎn yú jīn zhī shì yǐ。

子曰：『誰能出不由戶，何莫由斯道也？』
zǐ yuē：shuí néng chū bù yóu hù，hé mò yóu sī dào yě？

子曰：『質勝文則野，文勝質則史。文質彬彬，然後君子。』
zǐ yuē：zhì shèng wén zé yě，wén shèng zhì zé shǐ。wén zhì bīn bīn，rán hòu jūn zǐ。

子曰：『人之生也直，罔之生也幸而免。』
zǐ yuē：rén zhī shēng yě zhí，wǎng zhī shēng yě xìng ér miǎn。

子曰：『知之者不如好之者，好之
zǐ yuē：zhī zhī zhě bù rú hào zhī zhě，hào zhī

者不如樂之者。」

子曰：「中人以上，可以語上也；中人以下，不可以語上也。」

樊遲問知。子曰：「務民之義，敬鬼神而遠之，可謂知矣。」問仁。曰：「仁者先難而後獲，可謂仁矣。」

子曰：「知者樂水，仁者樂山。知者動，仁者靜。知者樂，仁者壽。」

子(zǐ)曰(yuē)：「齊(qí)一(yí)變(biàn)，至(zhì)於(yú)魯(lǔ)，魯(lǔ)一(yí)變(biàn)，至(zhì)於(yú)道(dào)。」

子(zǐ)曰(yuē)：「觚(gū)不(bù)觚(gū)，觚(gū)哉(zāi)！觚(gū)哉(zāi)！」

宰(zǎi)我(wǒ)問(wèn)曰(yuē)：「仁(rén)者(zhě)，雖(suī)告(gào)之(zhī)曰(yuē)：『井(jǐng)有(yǒu)仁(rén)焉(yān)。』其(qí)從(cóng)之(zhī)也(yě)？」子(zǐ)曰(yuē)：「何(hé)爲(wéi)其(qí)然(rán)也(yě)？君(jūn)子(zǐ)可(kě)逝(shì)也(yě)，不(bù)可(kě)陷(xiàn)也(yě)；可(kě)欺(qī)也(yě)，不(bù)可(kě)罔(wǎng)也(yě)。」

子(zǐ)曰(yuē)：「君(jūn)子(zǐ)博(bó)學(xué)於(yú)文(wén)，約(yuē)之(zhī)以(yǐ)禮(lǐ)，亦(yì)可(kě)以(yǐ)弗(fú)畔(pàn)矣(yǐ)夫(fú)！」

子見南子，子路不說。夫子矢之曰：「予所否者，天厭之！天厭之！」

zǐ jiàn nán zǐ， zǐ lù bú yuè。 fū zǐ shǐ zhī yuē：「 yú suǒ fǒu zhě， tiān yàn zhī！ tiān yàn zhī！」

子曰：「中庸之爲德也，其至矣乎！民鮮久矣！」

zǐ yuē：「 zhōng yōng zhī wéi dé yě， qí zhì yǐ hū！ mín xiǎn jiǔ yǐ！」

子貢曰：「如有博施於民而能濟衆，何如？可謂仁乎？」子曰：「何事於仁，必也聖乎！堯舜其猶病諸！夫仁者，己欲立而立人，己欲達而達人。能近取譬，可謂仁之方也已。」

zǐ gòng yuē：「 rú yǒu bó shī yú mín ér néng jì zhòng， hé rú？ kě wèi rén hū？」 zǐ yuē：「 hé shì yú rén， bì yě shèng hū！ yáo shùn qí yóu bìng zhū！ fú rén zhě， jǐ yù lì ér lì rén， jǐ yù dá ér dá rén。 néng jìn qǔ pì， kě wèi rén zhī fāng yě yǐ。」

述而第七
shù ér dì qī

子曰：『述而不作，信而好古，竊比於我老彭。』
zǐ yuē shù ér bú zuò xìn ér hào gǔ qiè bǐ yú wǒ lǎo péng

子曰：『默而識之，學而不厭，誨人不倦，何有於我哉？』
zǐ yuē mò ér zhì zhī xué ér bú yàn huì rén bú juàn hé yǒu yú wǒ zāi

子曰：『德之不修，學之不講，聞義不能徙，不善不能改，是吾憂也。』
zǐ yuē dé zhī bù xiū xué zhī bù jiǎng wén yì bù néng xǐ bú shàn bù néng gǎi shì wú yōu yě

子之燕居，申申如也，夭夭如也。
zǐ zhī yàn jū shēn shēn rú yě yāo yāo rú yě

子曰：『甚矣，吾衰也！久矣，吾不
zǐ yuē shèn yǐ wú shuāi yě jiǔ yǐ wú bú

復夢見周公！』
fù mèng jiàn zhōu gōng

子曰：『志于道，據于德，依于仁，游
zǐ yuē zhì yú dào jù yú dé yī yú rén yóu

于藝。』
yú yì

子曰：『自行束脩以上，吾未嘗無
zǐ yuē zì xíng shù xiū yǐ shàng wú wèi cháng wú

誨焉！』
huì yān

子曰：『不憤不啓，不悱不發；舉一
zǐ yuē bú fèn bù qǐ bù fěi bù fā jǔ yì

隅不以三隅反，則不復也。』
yú bù yǐ sān yú fǎn zé bú fù yě

子食于有喪者之側，未嘗飽
zǐ shí yú yǒu sāng zhě zhī cè wèi cháng bǎo

也。子于是日哭，則不歌。
yě zǐ yú shì rì kū zé bù gē

子謂顏淵曰：「用之則行，捨之則藏，惟我與爾有是夫！」
zǐ wèi yán yuān yuē：「yòng zhī zé xíng，shě zhī zé cáng，wéi wǒ yǔ ěr yǒu shì fú！」

子路曰：「子行三軍則誰與？」子曰：「暴虎馮河，死而無悔者，吾不與也。必也臨事而懼，好謀而成者也。」
zǐ lù yuē：「zǐ xíng sān jūn zé shuí yǔ？」zǐ yuē：「bào hǔ píng hé，sǐ ér wú huǐ zhě，wú bù yǔ yě。bì yě lín shì ér jù，hào móu ér chéng zhě yě。」

子曰：「富而可求也，雖執鞭之士，吾亦爲之，如不可求，從吾所好。」
zǐ yuē：「fù ér kě qiú yě，suī zhí biān zhī shì，wú yì wéi zhī，rú bù kě qiú，cóng wú suǒ hào。」

子之所慎：齊，戰，疾。
zǐ zhī suǒ shèn：zhāi，zhàn，jí。

子在齊聞《韶》，三月不知肉味。
zǐ zài qí wén《sháo》，sān yuè bù zhī ròu wèi。

曰：「不圖爲樂之至于斯也！」
yuē bù tú wéi yuè zhī zhì yú sī yě

冉有曰：「夫子爲衛君乎？」子貢
rǎn yǒu yuē fū zǐ wèi wèi jūn hū zǐ gòng

曰：「諾，吾將問之。」入，曰：「伯夷、叔
yuē nuò wú jiāng wèn zhī rù yuē bó yí shū

齊何人也？」曰：「古之賢人也。」曰：
qí hé rén yě yuē gǔ zhī xián rén yě yuē

「怨乎？」曰：「求仁而得仁，又何怨？」
yuàn hū yuē qiú rén ér dé rén yòu hé yuàn

出，曰：「夫子不爲也。」
chū yuē fū zǐ bú wèi yě

子曰：「飯疏食飲水，曲肱而枕
zǐ yuē fàn shū sì yǐn shuǐ qū gōng ér zhěn

之，樂亦在其中矣。不義而富且貴，于
zhī lè yì zài qí zhōng yǐ bú yì ér fù qiě guì yú

我如浮雲。」
wǒ rú fú yún

子曰：「加我數年，五十以學《易》，可以無大過矣。」

zǐ yuē jiā wǒ shù nián wǔ shí yǐ xué yì kě yǐ wú dà guò yǐ

子所雅言，《詩》、《書》、執禮，皆雅言也。

zǐ suǒ yǎ yán shī shū zhí lǐ jiē yǎ yán yě

葉公問孔子於子路，子路不對。子曰：「女奚不曰：『其爲人也，發憤忘食，樂以忘憂，不知老之將至云爾。』」

yè gōng wèn kǒng zǐ yú zǐ lù zǐ lù bú duì zǐ yuē rǔ xī bù yuē qí wéi rén yě fā fèn wàng shí lè yǐ wàng yōu bù zhī lǎo zhī jiāng zhì yún ěr

子曰：「我非生而知之者，好古，敏以求之者也。」

zǐ yuē wǒ fēi shēng ér zhī zhī zhě hào gǔ mǐn yǐ qiú zhī zhě yě

子不語怪、力、亂、神。
zǐ bù yǔ guài lì luàn shén

子曰：「三人行，必有我師焉。擇其善者而從之，其不善者而改之。」
zǐ yuē sān rén xíng bì yǒu wǒ shī yān zé qí shàn zhě ér cóng zhī qí bú shàn zhě ér gǎi zhī

子曰：「天生德于予，桓魋其如予何？」
zǐ yuē tiān shēng dé yú yú huán tuí qí rú yú hé

子曰：「二三子以我爲隱乎？吾無隱乎爾！吾無行而不與二三子者，是丘也。」
zǐ yuē èr sān zǐ yǐ wǒ wéi yǐn hū wú wú yǐn hū ěr wú wú xíng ér bù yǔ èr sān zǐ zhě shì qiū yě

子以四教：文，行，忠，信。
zǐ yǐ sì jiào wén xíng zhōng xìn

子曰：「聖人，吾不得而見之矣！得見君子者，斯可矣。」子曰：「善人，吾不得而見之矣！得見有恒者，斯可矣。亡而爲有，虛而爲盈，約而爲泰，難乎有恒矣！」

zǐ yuē shèng rén wú bù dé ér jiàn zhī yǐ dé jiàn jūn zǐ zhě sī kě yǐ zǐ yuē shàn rén wú bù dé ér jiàn zhī yǐ dé jiàn yǒu héng zhě sī kě yǐ wú ér wéi yǒu xū ér wéi yíng yuē ér wéi tài nán hū yǒu héng yǐ

子釣而不綱，弋不射宿。

zǐ diào ér bù gāng yì bú shè sù

子曰：「蓋有不知而作之者，我無是也。多聞，擇其善者而從之，多見而識之，知之次也。」

zǐ yuē gài yǒu bù zhī ér zuò zhī zhě wǒ wú shì yě duō wén zé qí shàn zhě ér cóng zhī duō jiàn ér zhì zhī zhī zhī cì yě

互鄉難與言，童子見，門人惑，
hù xiāng nán yǔ yán, tóng zǐ jiàn, mén rén huò,

子曰：『與其進也，不與其退也，唯何
zǐ yuē: yǔ qí jìn yě, bù yǔ qí tuì yě, wéi hé

甚？人潔己以進，與其潔也，不保其
shèn? rén jié jǐ yǐ jìn, yǔ qí jié yě, bù bǎo qí

往也。』
wǎng yě.

子曰：『仁遠乎哉？我欲仁，斯仁至
zǐ yuē: rén yuǎn hū zāi? wǒ yù rén, sī rén zhì

矣！』
yǐ!

陳司敗問：『昭公知禮乎？』孔子
chén sī bài wèn: zhāo gōng zhī lǐ hū? kǒng zǐ

曰：『知禮。』孔子退，揖巫馬期而進
yuē: zhī lǐ. kǒng zǐ tuì, yī wū mǎ qī ér jìn

之，曰：『吾聞君子不黨，君子亦黨
zhī, yuē: wú wén jūn zǐ bù dǎng, jūn zǐ yì dǎng

乎？君取于吴，爲同姓，謂之吴孟子。君而知禮，孰不知禮？』巫馬期以告。子曰：『丘也幸，苟有過，人必知之。』

子與人歌而善，必使反之，而後和之。

子曰：『文，莫吾猶人也。躬行君子，則吾未之有得。』

子曰：『若聖與仁，則吾豈敢？抑爲之不厭，誨人不倦，則可謂云爾

已矣。』公西華曰：「正唯弟子不能學
yǐ yǐ gōng xī huá yuē zhèng wéi dì zǐ bù néng xué

也。」
yě

子疾病，子路請禱。子曰：「有諸？」
zǐ jí bìng zǐ lù qǐng dǎo zǐ yuē yǒu zhū

子路對曰：「有之。《誄》曰：『禱爾于上
zǐ lù duì yuē yǒu zhī lěi yuē dǎo ěr yú shàng

下神祇。』」子曰：「丘之禱久矣！」
xià shén qí zǐ yuē qiū zhī dǎo jiǔ yǐ

子曰：「奢則不孫，儉則固。與其
zǐ yuē shē zé bú xùn jiǎn zé gù yǔ qí

不孫也，寧固。」
bú xùn yě nìng gù

子曰：「君子坦蕩蕩，小人長戚戚。」
zǐ yuē jūn zǐ tǎn dàng dàng xiǎo rén cháng qī qī

子溫而厲，威而不猛，恭而安。
zǐ wēn ér lì wēi ér bù měng gōng ér ān

泰伯第八
tài bó dì bā

子曰：『泰伯，其可謂至德也已矣，三以天下讓，民無得而稱焉。』
zǐ yuē tài bó qí kě wèi zhì dé yě yǐ yǐ sān yǐ tiān xià ràng mín wú dé ér chēng yān

子曰：『恭而無禮則勞，慎而無禮則葸，勇而無禮則亂，直而無禮則絞。君子篤於親，則民興於仁；故舊不遺，則民不偷。』
zǐ yuē gōng ér wú lǐ zé láo shèn ér wú lǐ zé xǐ yǒng ér wú lǐ zé luàn zhí ér wú lǐ zé jiǎo jūn zǐ dǔ yú qīn zé mín xīng yú rén gù jiù bù yí zé mín bù tōu

曾子有疾，召門弟子曰：『啓予足！啓予手！《詩》云：「戰戰兢兢，如
zēng zǐ yǒu jí zhào mén dì zǐ yuē qǐ yú zú qǐ yú shǒu shī yún zhàn zhàn jīng jīng rú

臨深淵，如履薄冰。」而今而後，吾知
lín shēn yuān rú lǚ bó bīng ér jīn ér hòu wú zhī

免夫！小子！』
miǎn fú xiǎo zi

曾子有疾，孟敬子問之。曾子言
zēng zǐ yǒu jí mèng jìng zǐ wèn zhī zēng zǐ yán

曰：『鳥之將死，其鳴也哀；人之將
yuē niǎo zhī jiāng sǐ qí míng yě āi rén zhī jiāng

死，其言也善。君子所貴乎道者三：
sǐ qí yán yě shàn jūn zǐ suǒ guì hū dào zhě sān

動容貌，斯遠暴慢矣；正顏色，斯近
dòng róng mào sī yuǎn bào màn yǐ zhèng yán sè sī jìn

信矣；出辭氣，斯遠鄙倍矣。籩豆之
xìn yǐ chū cí qì sī yuǎn bǐ bèi yǐ biān dòu zhī

事，則有司存。』
shì zé yǒu sī cún

曾子曰：『以能問于不能，以多問
zēng zǐ yuē yǐ néng wèn yú bù néng yǐ duō wèn

于寡；有若無，實若虛，犯而不校，昔
yú guǎ yǒu ruò wú shí ruò xū fàn ér bú jiào xī

者吾友，嘗從事于斯矣。」
zhě wú yǒu cháng cóng shì yú sī yǐ

曾子曰：「可以托六尺之孤，可以
zēng zǐ yuē kě yǐ tuō liù chǐ zhī gū kě yǐ

寄百里之命，臨大節而不可奪也。君
jì bǎi lǐ zhī mìng lín dà jié ér bù kě duó yě jūn

子人與？君子人也。」
zǐ rén yú jūn zǐ rén yě

曾子曰：「士不可以不弘毅，任重
zēng zǐ yuē shì bù kě yǐ bù hóng yì rèn zhòng

而道遠，仁以爲己任，不亦重乎？死
ér dào yuǎn rén yǐ wéi jǐ rèn bú yì zhòng hū sǐ

而後已，不亦遠乎？」
ér hòu yǐ bú yì yuǎn hū

子曰：「興于《詩》，立于禮，成于
zǐ yuē xīng yú shī lì yú lǐ chéng yú

樂。」
yuè

子曰：「民可使由之，不可使知之。」
zǐ yuē mín kě shǐ yóu zhī bù kě shǐ zhī zhī

子曰：「好勇疾貧，亂也。人而不仁，疾之已甚，亂也。」
zǐ yuē hào yǒng jí pín luàn yě rén ér bù rén jí zhī yǐ shèn luàn yě

子曰：「如有周公之才之美，使驕且吝，其餘不足觀也已。」
zǐ yuē rú yǒu zhōu gōng zhī cái zhī měi shǐ jiāo qiě lìn qí yú bù zú guān yě yǐ

子曰：「三年學，不至于穀，不易得也。」
zǐ yuē sān nián xué bú zhì yú gǔ bú yì dé yě

子曰：『篤信好學，守死善道。危邦不入，亂邦不居。天下有道則見，無道則隱。邦有道，貧且賤焉，恥也；邦無道，富且貴焉，恥也。』

zǐ yuē: dǔ xìn hào xué, shǒu sǐ shàn dào. wēi bāng bú rù, luàn bāng bù jū. tiān xià yǒu dào zé xiàn, wú dào zé yǐn. bāng yǒu dào, pín qiě jiàn yān, chǐ yě; bāng wú dào, fù qiě guì yān, chǐ yě.

子曰：『不在其位，不謀其政。』

zǐ yuē: bú zài qí wèi, bù móu qí zhèng.

子曰：『師摯之始，《關雎》之亂，洋洋乎盈耳哉！』

zǐ yuē: shī zhì zhī shǐ, guān jū zhī luàn, yáng yáng hū yíng ěr zāi!

子曰：『狂而不直，侗而不願，悾悾而不信，吾不知之矣。』

zǐ yuē: kuáng ér bù zhí, tóng ér bú yuàn, kōng kōng ér bú xìn, wú bù zhī zhī yǐ.

子曰：『學如不及，猶恐失之。』
zǐ yuē xué rú bù jí yóu kǒng shī zhī

子曰：『巍巍乎！舜禹之有天下
zǐ yuē wēi wēi hū shùn yǔ zhī yǒu tiān xià

也，而不與焉。』
yě ér bú yù yān

子曰：『大哉！堯之爲君也。巍巍
zǐ yuē dà zāi yáo zhī wéi jūn yě wēi wēi

乎！唯天爲大，唯堯則之。蕩蕩乎！民
hū wéi tiān wéi dà wéi yáo zé zhī dàng dàng hū mín

無能名焉。巍巍乎！其有成功也；煥
wú néng míng yān wēi wēi hū qí yǒu chéng gōng yě huàn

乎！其有文章。』
hū qí yǒu wén zhāng

舜有臣五人而天下治。武王曰：
shùn yǒu chén wǔ rén ér tiān xià zhì wǔ wáng yuē

『予有亂臣十人。』孔子曰：『才難，不
yú yǒu luàn chén shí rén kǒng zǐ yuē cái nán bù

其然乎？唐虞之際，于斯爲盛，有婦人焉，九人而已。三分天下有其二，以服事殷。周之德，其可謂至德也已矣。』

子曰：『禹，吾無間然矣。菲飲食而致孝乎鬼神，惡衣服而致美乎黻冕，卑宮室而盡力乎溝洫。禹，吾無間然矣。』

子罕第九
zǐ hǎn dì jiǔ

子罕言利與命與仁。
zǐ hǎn yán lì yǔ mìng yǔ rén

達巷黨人曰：『大哉孔子！博學而無所成名。』子聞之，謂門弟子曰：『吾何執？執御乎？執射乎？吾執御矣。』
dá xiàng dǎng rén yuē dà zāi kǒng zǐ bó xué ér wú suǒ chéng míng zǐ wén zhī wèi mén dì zǐ yuē wú hé zhí zhí yù hū zhí shè hū wú zhí yù yǐ

子曰：『麻冕，禮也；今也純，儉，吾從眾。拜下，禮也；今拜乎上，泰也。雖違眾，吾從下。』
zǐ yuē má miǎn lǐ yě jīn yě chún jiǎn wú cóng zhòng bài xià lǐ yě jīn bài hū shàng tài yě suī wéi zhòng wú cóng xià

子絕四：毋意、毋必、毋固、毋我。
zǐ jué sì wú yì wú bì wú gù wú wǒ

子畏于匡，曰：「文王既没，文不在
zǐ wèi yú kuāng, yuē: wén wáng jì mò, wén bú zài

兹乎。天之將喪斯文也，後死者不得
zī hū. tiān zhī jiāng sàng sī wén yě, hòu sǐ zhě bù dé

與于斯文也；天之未喪斯文也，匡
yù yú sī wén yě; tiān zhī wèi sàng sī wén yě, kuāng

人其如予何？」
rén qí rú yú hé?

大宰問于子貢曰：「夫子聖者
tài zǎi wèn yú zǐ gòng yuē: fū zǐ shèng zhě

與？何其多能也？」子貢曰：「固天縱
yú? hé qí duō néng yě? zǐ gòng yuē: gù tiān zòng

之將聖，又多能也。」
zhī jiāng shèng, yòu duō néng yě.

子聞之，曰：「大宰知我乎！吾少也
zǐ wén zhī, yuē: tài zǎi zhī wǒ hū! wú shào yě

賤，故多能鄙事。君子多乎哉？不多也。」
jiàn, gù duō néng bǐ shì. jūn zǐ duō hū zāi? bù duō yě.

牢曰：『子云，「吾不試，故藝。」』

子曰：『吾有知乎哉？無知也。有鄙夫問于我，空空如也，我叩其兩端而竭焉。』

子曰：『鳳鳥不至，河不出圖，吾已矣夫！』

子見齊衰者，冕衣裳者與瞽者，見之，雖少，必作；過之，必趨。

顏淵喟然嘆曰：『仰之彌高，鑽之

彌堅，瞻之在前，忽焉在後。夫子循循
mí jiān, zhān zhī zài qián, hū yān zài hòu. fū zǐ xún xún

然善誘人，博我以文，約我以禮。欲
rán shàn yòu rén, bó wǒ yǐ wén, yuē wǒ yǐ lǐ. yù

罷不能。既竭吾才，如有所立卓爾。遂
bà bù néng. jì jié wú cái, rú yǒu suǒ lì zhuó ěr. suì

欲從之，末由也已。』
yù cóng zhī, mò yóu yě yǐ.

子疾病，子路使門人爲臣。病間，
zǐ jí bìng, zǐ lù shǐ mén rén wéi chén. bìng jiān,

曰：『久矣哉，由之行詐也！無臣而爲有
yuē: jiǔ yǐ zāi, yóu zhī xíng zhà yě! wú chén ér wéi yǒu

臣。吾誰欺？欺天乎？且予與其死於臣
chén. wú shuí qī? qī tiān hū? qiě yú yǔ qí sǐ yú chén

之手也，無寧死於二三子之手乎！且
zhī shǒu yě, wú nìng sǐ yú èr sān zǐ zhī shǒu hū! qiě

予縱不得大葬，予死於道路乎？』
yú zòng bù dé dà zàng, yú sǐ yú dào lù hū?

子貢曰：『有美玉于斯，韞櫝而藏諸？求善賈而沽諸？』子曰：『沽之哉！沽之哉！我待賈者也。』

子欲居九夷。或曰：『陋，如之何？』子曰：『君子居之，何陋之有？』

子曰：『吾自衛反魯，然後樂正，《雅》、《頌》各得其所。』

子曰：『出則事公卿，入則事父兄，喪事不敢不勉，不爲酒困，何有于我哉？』

子在川上，曰：『逝者如斯夫！不舍晝夜。』

子曰：『吾未見好德如好色者也。』

子曰：『譬如爲山，未成一簣，止，吾止也。譬如平地，雖覆一簣，進，吾往也。』

子曰：『語之而不惰者，其回也與。』

子謂顏淵，曰：『惜乎！吾見其進

也，未見其止也。』

子曰：『苗而不秀者有矣夫！秀而不實者有矣夫！』

子曰：『後生可畏，焉知來者之不如今也？四十、五十而無聞焉，斯亦不足畏也已！』

子曰：『法語之言，能無從乎？改之爲貴。巽與之言，能無說乎？繹之爲貴。說而不繹，從而不改，吾末如之何也已矣！』

zhī hé yě yǐ yǐ

子曰：『主忠信，毋友不如己者，過則勿憚改。』

zǐ yuē zhǔ zhōng xìn wú yǒu bù rú jǐ zhě guò zé wù dàn gǎi

子曰：『三軍可奪帥也，匹夫不可奪志也。』

zǐ yuē sān jūn kě duó shuài yě pǐ fū bù kě duó zhì yě

子曰：『衣敝緼袍，與衣狐貉者立，而不恥者，其由也與！「不忮不求，何用不臧？」』子路終身誦之。子曰：『是道也，何足以臧？』

zǐ yuē yì bì yùn páo yǔ yì hú hé zhě lì ér bù chǐ zhě qí yóu yě yú bù zhì bù qiú hé yòng bù zāng zǐ lù zhōng shēn sòng zhī zǐ yuē shì dào yě hé zú yǐ zāng

子(zǐ)曰(yuē)：「歲(suì)寒(hán)，然(rán)後(hòu)知(zhī)鬆(sōng)柏(bǎi)之(zhī)後(hòu)凋(diāo)也(yě)。」

子(zǐ)曰(yuē)：「知(zhì)者(zhě)不(bú)惑(huò)，仁(rén)者(zhě)不(bù)憂(yōu)，勇(yǒng)者(zhě)不(bú)懼(jù)。」

子(zǐ)曰(yuē)：「可(kě)與(yǔ)共(gòng)學(xué)，未(wèi)可(kě)與(yǔ)適(shì)道(dào)；可(kě)與(yǔ)適(shì)道(dào)，未(wèi)可(kě)與(yǔ)立(lì)；可(kě)與(yǔ)立(lì)，未(wèi)可(kě)與(yǔ)權(quán)。」

唐(táng)棣(dì)之(zhī)華(huā)，偏(piān)其(qí)反(fǎn)而(ér)。豈(qǐ)不(bù)爾(ěr)思(sī)？室(shì)是(shì)遠(yuǎn)而(ér)。子(zǐ)曰(yuē)：「未(wèi)之(zhī)思(sī)也(yě)，夫(fú)何(hé)遠(yuǎn)之(zhī)有(yǒu)？」

鄉黨第十
xiāng dǎng dì shí

孔子于鄉黨，恂恂如也，似不能
kǒng zǐ yú xiāng dǎng， xún xún rú yě， sì bù néng

言者。其在宗廟朝廷，便便言，唯謹
yán zhě。 qí zài zōng miào cháo tíng， pián pián yán， wéi jǐn

爾。
ěr。

朝，與下大夫言，侃侃如也；與
cháo， yǔ xià dà fū yán， kǎn kǎn rú yě； yǔ

上大夫言，誾誾如也。君子，踧踖如
shàng dà fū yán， yín yín rú yě。 jūn zǐ， cù jí rú

也，與與如也。
yě， yú yú rú yě。

君召使擯，色勃如也，足躩如
jūn zhào shǐ bìn， sè bó rú yě， zú jué rú

也。揖所與立，左右手，衣前後，襜如
yě。 yī suǒ yǔ lì， zuǒ yòu shǒu， yī qián hòu， chān rú

也。趨進，翼如也。賓退，必復命曰：

『賓不顧矣。』

入公門，鞠躬如也，如不容。立不中門，行不履閾。過位，色勃如也，足躩如也，其言似不足者。攝齊升堂，鞠躬如也，屏氣似不息者。出，降一等，逞顏色，怡怡如也。沒階，趨進，翼如也。復其位，踧踖如也。

執圭，鞠躬如也，如不勝。上如

揖，下如授，勃如戰色，足蹜蹜如有
yī，xià rú shòu，bó rú zhàn sè，zú sù sù rú yǒu

循。享禮，有容色。私覿，愉愉如也。
xún。xiǎng lǐ，yǒu róng sè。sī dí，yú yú rú yě。

君子不以紺緅飾，紅紫不以爲
jūn zǐ bù yǐ gàn zōu shì，hóng zǐ bù yǐ wéi

褻服。當暑，袗絺綌，必表而出之。緇
xiè fú。dāng shǔ，zhěn chī xì，bì biǎo ér chū zhī。zī

衣，羔裘；素衣，麑裘；黃衣，狐裘。褻裘
yī，gāo qiú；sù yī，ní qiú；huáng yī，hú qiú。xiè qiú

長，短右袂。必有寢衣，長一身有半。狐
cháng，duǎn yòu mèi。bì yǒu qǐn yī，cháng yì shēn yǒu bàn。hú

貉之厚以居。去喪，無所不佩。非帷
hé zhī hòu yǐ jū。qù sāng，wú suǒ bú pèi。fēi wéi

裳，必殺之。羔裘玄冠不以弔。吉月，必
cháng，bì shā zhī。gāo qiú xuán guān bù yǐ diào。jí yuè，bì

朝服而朝。
cháo fú ér cháo。

齊，必有明衣，布。齊必變食，居
zhāi bì yǒu míng yī bù zhāi bì biàn shí jū

必遷坐。
bì qiān zuò

食不厭精，膾不厭細。食饐而
shí bú yàn jīng kuài bú yàn xì shí yì ér

餲，魚餒而肉敗，不食。色惡，不食。臭
ài yú něi ér ròu bài bù shí sè è bù shí xiù

惡，不食。失飪，不食。不時，不食。割不
è bù shí shī rèn bù shí bù shí bù shí gē bú

正，不食。不得其醬，不食。肉雖多，
zhèng bù shí bù dé qí jiàng bù shí ròu suī duō

不使勝食氣。唯酒無量，不及亂。沽
bù shǐ shèng shí qì wéi jiǔ wú liàng bù jí luàn gū

酒市脯，不食。不撤姜食，不多食。
jiǔ shì fǔ bù shí bú chè jiāng shí bù duō shí

祭于公，不宿肉。祭肉不出三
jì yú gōng bú sù ròu jì ròu bù chū sān

日，出三日，不食之矣。
rì chū sān rì bù shí zhī yǐ

食不語，寢不言。
shí bù yǔ qǐn bù yán

雖疏食菜羹瓜祭，必齊如也。
suī shū shí cài gēng guā jì bì qí rú yě

席不正，不坐。
xí bú zhèng bú zuò

鄉人飲酒，杖者出，斯出矣。鄉人
xiāng rén yǐn jiǔ zhàng zhě chū sī chū yǐ xiāng rén

儺，朝服而立于阼階。
nuó cháo fú ér lì yú zuò jiē

問人于他邦，再拜而送之。康子饋
wèn rén yú tā bāng zài bài ér sòng zhī kāng zǐ kuì

藥，拜而受之。曰：『丘未達，不敢嘗。』
yào bài ér shòu zhī yuē qiū wèi dá bù gǎn cháng

廄焚。子退朝，曰：『傷人乎？』不問
jiù fén zǐ tuì cháo yuē shāng rén hū bú wèn

馬(mǎ)。

君(jūn)賜(cì)食(shí)，必(bì)正(zhèng)席(xí)先(xiān)嘗(cháng)之(zhī)。君(jūn)賜(cì)腥(xīng)，必(bì)熟(shú)而(ér)薦(jiàn)之(zhī)。君(jūn)賜(cì)生(shēng)，必(bì)畜(xù)之(zhī)。侍(shì)食(shí)于(yú)君(jūn)，君(jūn)祭(jì)，先(xiān)飯(fàn)。

疾(jí)，君(jūn)視(shì)之(zhī)，東(dōng)首(shǒu)，加(jiā)朝(cháo)服(fú)，拖(tuō)紳(shēn)。

君(jūn)命(mìng)召(zhào)，不(bù)俟(sì)駕(jià)行(xíng)矣(yǐ)。

入(rù)太(tài)廟(miào)，每(měi)事(shì)問(wèn)。

朋(péng)友(yǒu)死(sǐ)，無(wú)所(suǒ)歸(guī)，曰(yuē)：『于(yú)我(wǒ)殯(bìn)。』

朋(péng)友(yǒu)之(zhī)饋(kuì)，雖(suī)車(chē)馬(mǎ)，非(fēi)祭(jì)肉(ròu)，不(bú)拜(bài)。

寢不尸，居不客。
qǐn bù shī, jū bù kè.

見齊衰者，雖狎，必變。見冕者與
jiàn zī cuī zhě, suī xiá, bì biàn. jiàn miǎn zhě yǔ

瞽者，雖褻，必以貌。凶服者式之。式
gǔ zhě, suī xiè, bì yǐ mào. xiōng fú zhě shì zhī. shì

負版者。有盛饌，必變色而作。迅雷
fù bǎn zhě. yǒu shèng zhuàn, bì biàn sè ér zuò. xùn léi

風烈，必變。
fēng liè, bì biàn.

升車，必正立執綏。車中，不內
shēng chē, bì zhèng lì zhí suí. chē zhōng, bù nèi

顧，不疾言，不親指。
gù, bù jí yán, bù qīn zhǐ.

色斯舉矣，翔而後集。曰：「山梁雌
sè sī jǔ yǐ, xiáng ér hòu jí. yuē: "shān liáng cí

雉，時哉時哉！」子路共之，三嗅而作。
zhì, shí zāi shí zāi!" zǐ lù gòng zhī, sān jù ér zuò.

先進第十一
xiān jìn dì shí yī

子曰：「先進于禮樂，野人也。後進
zǐ yuē xiān jìn yú lǐ yuè yě rén yě hòu jìn

于禮樂，君子也。如用之，則吾從先
yú lǐ yuè jūn zǐ yě rú yòng zhī zé wú cóng xiān

進。」
jìn

子曰：「從我于陳、蔡者，皆不及
zǐ yuē cóng wǒ yú chén cài zhě jiē bù jí

門也。德行：顏淵、閔子騫、冉伯牛、仲
mén yě dé xíng yán yuān mǐn zǐ qiān rǎn bó niú zhòng

弓。言語：宰我、子貢。政事：冉有、季
gōng yán yǔ zǎi wǒ zǐ gòng zhèng shì rǎn yǒu jì

路。文學：子游、子夏。」
lù wén xué zǐ yóu zǐ xià

子曰：「回也，非助我者也，于吾言
zǐ yuē huí yě fēi zhù wǒ zhě yě yú wú yán

無所不說。』
wú suǒ bú yuè

子曰：『孝哉，閔子騫！人不間于其
zǐ yuē xiào zāi mǐn zǐ qiān rén bú jiàn yú qí

父母昆弟之言。』
fù mǔ kūn dì zhī yán

南容三復白圭，孔子以其兄之
nán róng sān fù bái guī kǒng zǐ yǐ qí xiōng zhī

子妻之。
zǐ qī zhī

季康子問：『弟子孰爲好學？』孔
jì kāng zǐ wèn dì zǐ shú wéi hào xué kǒng

子對曰：『有顏回者好學，不幸短命
zǐ duì yuē yǒu yán huí zhě hào xué bú xìng duǎn mìng

死矣！今也則亡。』
sǐ yǐ jīn yě zé wú

顏淵死，顏路請子之車以爲之
yán yuān sǐ yán lù qǐng zǐ zhī chē yǐ wéi zhī

椁。子曰：『才不才，亦各言其子也。鯉
guǒ zǐ yuē cái bù cái yì gè yán qí zǐ yě lǐ

也死，有棺而無椁。吾不徒行以爲之
yě sǐ yǒu guān ér wú guǒ wú bù tú xíng yǐ wéi zhī

椁。以吾從大夫之後，不可徒行也。』
guǒ yǐ wú cóng dà fū zhī hòu bù kě tú xíng yě

顔淵死，子曰：『噫！天喪予！天喪
yán yuān sǐ zǐ yuē yī tiān sàng yú tiān sàng

予！』
yú

顔淵死，子哭之慟。從者曰：『子
yán yuān sǐ zǐ kū zhī tòng cóng zhě yuē zǐ

慟矣！』曰：『有慟乎？非夫人之爲慟
tòng yǐ yuē yǒu tòng hū fēi fú rén zhī wèi tòng

而誰爲？』
ér shuí wèi

顔淵死，門人欲厚葬之。子曰：『不
yán yuān sǐ mén rén yù hòu zàng zhī zǐ yuē bù

可。』門人厚葬之。子曰：『回也視予猶父也，予不得視猶子也。非我也，夫二三子也。』

kě。』mén rén hòu zàng zhī。zǐ yuē：『huí yě shì yú yóu fù yě，yú bù dé shì yóu zǐ yě。fēi wǒ yě，fú èr sān zǐ yě。』

季路問事鬼神。子曰：『未能事人，焉能事鬼？』曰：『敢問死？』曰：『未知生，焉知死？』

jì lù wèn shì guǐ shén。zǐ yuē：『wèi néng shì rén，yān néng shì guǐ？』yuē：『gǎn wèn sǐ？』yuē：『wèi zhī shēng，yān zhī sǐ？』

閔子侍側，誾誾如也。子路，行行如也；冉有、子貢，侃侃如也。子樂：『若由也，不得其死然。』

mǐn zǐ sì cè，yín yín rú yě。zǐ lù，hàng hàng rú yě；rǎn yǒu、zǐ gòng，kǎn kǎn rú yě。zǐ lè：『ruò yóu yě，bù dé qí sǐ rán。』

魯人爲長府。閔子騫曰：『仍舊
lǔ rén wèi cháng fǔ mǐn zǐ qiān yuē réng jiù

貫，如之何？何必改作。』子曰：『夫人
guàn rú zhí hé hé bì gǎi zuò zǐ yuē fú rén

不言，言必有中。』
bù yán yán bì yǒu zhòng

子曰：『由之瑟，奚爲于丘之門？』
zǐ yuē yóu zhī sè xī wéi yú qiū zhī mén

門人不敬子路。子曰：『由也升堂矣，未
mén rén bú jìng zǐ lù zǐ yuē yóu yě shēng táng yǐ wèi

入于室也。』
rù yú shì yě

子貢問：『師與商也孰賢？』子
zǐ gòng wèn shī yǔ shāng yě shú xián zǐ

曰：『師也過，商也不及。』曰：『然則師
yuē shī yě guò shāng yě bù jí yuē rán zé shī

愈與？』子曰：『過猶不及。』
yù yú zǐ yuē guò yóu bù jí

季氏富于周公，而求也爲之聚
jì shì fù yú zhōu gōng，ér qiú yě wèi zhī jù

斂而附益之。子曰：『非吾徒也。小子
liǎn ér fù yì zhī。zǐ yuē：『fēi wú tú yě。xiǎo zǐ

鳴鼓而攻之可也。』
míng gǔ ér gōng zhī kě yě。』

柴也愚，參也魯，師也辟，由也喭。
chái yě yú，shēn yě lǔ，shī yě pì，yóu yě yàn。

子曰：『回也其庶乎。屢空。賜不受
zǐ yuē：『huí yě qí shù hū。lǚ kōng。cì bú shòu

命而貨殖焉，億則屢中。』
mìng ér huò zhí yān，yì zé lǚ zhòng。』

子張問善人之道。子曰：『不踐
zǐ zhāng wèn shàn rén zhī dào。zǐ yuē：『bú jiàn

迹，亦不入于室。』
jì，yì bú rù yú shì。』

子曰：『論篤是與，君子者乎？色
zǐ yuē：『lùn dǔ shì yú，jūn zǐ zhě hū？sè

莊者乎？』
zhuāng zhě hū

子路問：『聞斯行諸？』子曰：『有父兄
zǐ lù wèn wén sī xíng zhū zǐ yuē yǒu fù xiōng

在，如之何其聞斯行之？』冉有問：『聞
zài rú zhī hé qí wén sī xíng zhī rǎn yǒu wèn wén

斯行諸？』子曰：『聞斯行之。』公西華
sī xíng zhū zǐ yuē wén sī xíng zhī gōng xī huá

曰：『由也問「聞斯行諸」，子曰「有父
yuē yóu yě wèn wén sī xíng zhū zǐ yuē yǒu fù

兄在」。求也問「聞斯行諸」，子曰「聞
xiōng zài qiú yě wèn wén sī xíng zhū zǐ yuē wén

斯行之」。赤也惑，敢問。』子曰：『求也
sī xíng zhī chì yě huò gǎn wèn zǐ yuē qiú yě

退，故進之；由也兼人，故退之。』
tuì gù jìn zhī yóu yě jiān rén gù tuì zhī

子畏于匡，顏淵後。子曰：『吾以女
zǐ wèi yú kuāng yán yuān hòu zǐ yuē wú yǐ rǔ

爲死矣！』曰：『子在，回何敢死？』
wéi sǐ yǐ yuē zǐ zài huí hé gǎn sǐ

季子然問：『仲由、冉求可謂大
jì zǐ rán wèn zhòng yóu rǎn qiú kě wèi dà

臣與？』子曰：『吾以子爲異之問，曾由
chén yú zǐ yuē wú yǐ zǐ wéi yì zhī wèn céng yóu

與求之問。所謂大臣者，以道事君，不
yǔ qiú zhī wèn suǒ wèi dà chén zhě yǐ dào shì jūn bù

可則止。今由與求也，可謂具臣矣。』
kě zé zhǐ jīn yóu yǔ qiú yě kě wèi jù chén yǐ

曰：『然則從之者與？』子曰：『弑父與
yuē rán zé cóng zhī zhě yú zǐ yuē shì fù yǔ

君，亦不從也。』
jūn yì bú cóng yě

子路使子羔爲費宰。子曰：『賊夫
zǐ lù shǐ zǐ gāo wéi bì zǎi zǐ yuē zéi fú

人之子！』子路曰：『有民人焉，有社稷
rén zhī zǐ zǐ lù yuē yǒu mín rén yān yǒu shè jì

焉。何必讀書，然後爲學。』子曰：『是
故惡夫佞者。』
子路、曾皙、冉有、公西華侍坐。
子曰：『以吾一日長乎爾，毋吾以
也。居則曰：「不吾知也。」如或知爾，則
何以哉？』
子路率爾對曰：『千乘之國，攝乎
大國之間，加之以師旅，因之以饑
饉，由也爲之，比及三年，可使有勇，且

知方也。」夫子哂之。
zhī fāng yě fū zǐ shěn zhī

「求，爾何如？」對曰：「方六七十，
qiú ěr hé rú duì yuē fāng liù qī shí

如五六十，求也爲之，比及三年，可使
rú wǔ liù shí qiú yě wéi zhī bǐ jí sān nián kě shǐ

足民。如其禮樂，以俟君子。」
zú mín rú qí lǐ yuè yǐ sì jūn zǐ

「赤，爾何如？」對曰：「非曰能之，願
chì ěr hé rú duì yuē fēi yuē néng zhī yuàn

學焉。宗廟之事，如會同，端章甫，願
xué yān zōng miào zhī shì rú huì tóng duān zhāng fǔ yuàn

爲小相焉。」
wèi xiǎo xiàng yān

「點，爾何如？」鼓瑟希，鏗爾，捨
diǎn ěr hé rú gǔ sè xī kēng ěr shě

瑟而作，對曰：「異乎三子者之撰。」
sè ér zuò duì yuē yì hū sān zǐ zhě zhī zhuàn

子曰：「何傷乎？亦各言其志也。」曰：
zǐ yuē hé shāng hū yì gè yán qí zhì yě yuē

「莫春者，春服既成，冠者五六人，童
mù chūn zhě chūn fú jì chéng guàn zhě wǔ liù rén tóng

子六七人，浴乎沂，風乎舞雩，咏而
zǐ liù qī rén yù hū yí fēng hū wǔ yú yǒng ér

歸。」夫子喟然嘆曰：「吾與點也！」
guī fū zǐ kuì rán tàn yuē wú yù diǎn yě

三子者出，曾晳後，曾晳曰：「夫三
sān zǐ zhě chū zēng xī hòu zēng xī yuē fú sān

子者之言何如？」子曰：「亦各言其志
zǐ zhě zhī yán hé rú zǐ yuē yì gè yán qí zhì

也已矣！」曰：「夫子何哂由也？」曰：「爲
yě yǐ yǐ yuē fū zǐ hé shěn yóu yě yuē wéi

國以禮，其言不讓，是故哂之。」「唯
guó yǐ lǐ qí yán bú ràng shì gù shěn zhī wéi

求則非邦也與？」「安見方六七十，如
qiú zé fēi bāng yě yú ān jiàn fāng liù qī shí rú

五六十，而非邦也者？』『唯赤則非邦也與？』『宗廟會同，非諸侯而何？赤也為之小，孰能為之大？』

wǔ liù shí，ér fēi bāng yě zhě？』『wéi chì zé fēi bāng yě yú？』『zōng miào huì tóng，fēi zhū hóu ér hé？chì yě wéi zhī xiǎo，shú néng wéi zhī dà？』

顏淵第十二
yán yuān dì shí èr

顏淵問仁。子曰：「克己復禮爲
yán yuān wèn rén。zǐ yuē：「kè jǐ fù lǐ wéi

仁。一日克己復禮，天下歸仁焉。爲
rén。yí rì kè jǐ fù lǐ，tiān xià guī rén yān。wéi

仁由己，而由人乎哉？」顏淵曰：「請問
rén yóu jǐ，ér yóu rén hū zāi？」yán yuān yuē：「qǐng wèn

其目？」子曰：「非禮勿視，非禮勿聽，非
qí mù？」zǐ yuē：「fēi lǐ wù shì，fēi lǐ wù tīng，fēi

禮勿言，非禮勿動。」顏淵曰：「回雖不
lǐ wù yán，fēi lǐ wù dòng。」yán yuān yuē：「huí suī bù

敏，請事斯語矣。」
mǐn，qǐng shì sī yǔ yǐ。」

仲弓問仁。子曰：「出門如見大
zhòng gōng wèn rén。zǐ yuē：「chū mén rú jiàn dà

賓，使民如承大祭。己所不欲，勿施于
bīn，shǐ mín rú chéng dà jì。jǐ suǒ bú yù，wù shī yú

人，在邦無怨，在家無怨。』仲弓曰：『雍雖不敏，請事斯語矣。』

司馬牛問仁。子曰：『仁者，其言也訒。』曰：『其言也訒，斯謂之仁已乎？』子曰：『爲之難，言之得無訒乎？』

司馬牛問君子。子曰：『君子不憂不懼。』曰：『不憂不懼，斯謂之君子已乎？』子曰：『内省不疚，夫何憂何懼？』

司馬牛憂曰：『人皆有兄弟，我獨

亡。』子夏曰：『商聞之矣：死生有命，富貴在天。君子敬而無失，與人恭而有禮，四海之內皆兄弟也。君子何患乎無兄弟也？』

wú. zǐ xià yuē: shāng wén zhī yǐ: sǐ shēng yǒu mìng, fù guì zài tiān. jūn zǐ jìng ér wú shī, yǔ rén gōng ér yǒu lǐ, sì hǎi zhī nèi jiē xiōng dì yě. jūn zǐ hé huàn hū wú xiōng dì yě?

子張問明。子曰：『浸潤之譖，膚受之訴，不行焉，可謂明也已矣。浸潤之譖，膚受之訴，不行焉，可謂遠也已矣。』

zǐ zhāng wèn míng. zǐ yuē: jìn rùn zhī zèn, fū shòu zhī sù, bù xíng yān, kě wèi míng yě yǐ yǐ. jìn rùn zhī zèn, fū shòu zhī sù, bù xíng yān, kě wèi yuǎn yě yǐ yǐ.

子貢問政，子曰：『足食，足兵，民

zǐ gòng wèn zhèng, zǐ yuē: zú shí, zú bīng, mín

信之矣。』子貢曰：『必不得已而去，于
xìn zhī yǐ zǐ gòng yuē bì bù dé yǐ ér qù yú

斯三者何先？』曰：『去兵。』子貢曰：『必
sī sān zhě hé xiān yuē qù bīng zǐ gòng yuē bì

不得已而去，于斯二者何先？』曰：『去
bù dé yǐ ér qù yú sī èr zhě hé xiān yuē qù

食。自古皆有死，民無信不立。』
shí zì gǔ jiē yǒu sǐ mín wú xìn bú lì

棘子成曰：『君子質而已矣，何以
jí zǐ chéng yuē jūn zǐ zhì ér yǐ yǐ hé yǐ

文爲？』子貢曰：『惜乎！夫子之説君
wén wéi zǐ gòng yuē xī hū fū zǐ zhī shuō jūn

子也。駟不及舌。文猶質也，質猶文
zǐ yě sì bù jí shé wén yóu zhì yě zhì yóu wén

也。虎豹之鞟猶犬羊之鞟。』
yě hǔ bào zhī kuò yóu quǎn yáng zhī kuò

哀公問與有若曰：『年饑，用不
āi gōng wèn yǔ yǒu ruò yuē nián jī yòng bù

足，如之何？』有若對曰：『盍徹乎？』
zú, rú zhī hé? yǒu ruò duì yuē: hé chè hū?

曰：『二，吾猶不足，如之何其徹也？』
yuē: èr, wú yóu bù zú, rú zhī hé qí chè yě?

對曰：『百姓足，君孰與不足？百姓不
duì yuē: bǎi xìng zú, jūn shú yǔ bù zú? bǎi xìng bù

足，君孰與足？』
zú, jūn shú yǔ zú?

子張問崇德辨惑。子曰：『主忠
zǐ zhāng wèn chóng dé biàn huò. zǐ yuē: zhǔ zhōng

信，徙義，崇德也。愛之欲其生，惡之
xìn, xǐ yì, chóng dé yě. ài zhī yù qí shēng, wù zhī

欲其死。既欲其生，又欲其死，是惑
yù qí sǐ. jì yù qí shēng, yòu yù qí sǐ, shì huò

也。「誠不以富，以祇以异。」』
yě. chéng bù yǐ fù, yǐ zhī yǐ yì.

齊景公問政于孔子。孔子對
qí jǐng gōng wèn zhèng yú kǒng zǐ. kǒng zǐ duì

曰：『君君，臣臣，父父，子子。』公曰：『善
yuē jūn jūn chén chén fù fù zǐ zǐ gōng yuē shàn

哉！信如君不君，臣不臣，父不父，子
zāi xìn rú jūn bù jūn chén bù chén fù bú fù zǐ

不子，雖有粟，吾得而食諸？』
bù zǐ suī yǒu sù wú dé ér shí zhū

子曰：『片言可以折獄者，其由也
zǐ yuē piàn yán kě yǐ zhé yù zhě qí yóu yě

與！』
yú

子路無宿諾。
zǐ lù wú sù nuò

子曰：『聽訟，吾猶人也。必也使無
zǐ yuē tīng sòng wú yóu rén yě bì yě shǐ wú

訟乎！』
sòng hū

子張問政。子曰：『居之無倦，行
zǐ zhāng wèn zhèng zǐ yuē jū zhī wú juàn xíng

之以忠。』

zhī yǐ zhōng

子曰：『博學于文，約之以禮，亦可以弗畔矣夫。』

zǐ yuē bó xué yú wén yuē zhī yǐ lǐ yì kě yǐ fú pàn yǐ fú

子曰：『君子成人之美，不成人之惡。小人反是。』

zǐ yuē jūn zǐ chéng rén zhī měi bù chéng rén zhī è xiǎo rén fǎn shì

季康子問政于孔子。孔子對曰：『政者，正也。子帥以正，孰敢不正！』

jì kāng zǐ wèn zhèng yú kǒng zǐ kǒng zǐ duì yuē zhèng zhě zhèng yě zǐ shuài yǐ zhèng shú gǎn bú zhèng

季康子患盜，問于孔子。孔子對

jì kāng zǐ huàn dào wèn yú kǒng zǐ kǒng zǐ duì

曰：「苟子之不欲，雖賞之不竊。」

季康子問政于孔子曰：「如殺無道，以就有道，何如？」孔子對曰：「子爲政，焉用殺？子欲善，而民善矣。君子之德風，小人之德草。草上之風，必偃。」

子張問：「士何如斯可謂之達矣？」子曰：「何哉，爾所謂達者？」子張對曰：「在邦必聞，在家必聞。」子曰：

『是聞也，非達也。夫達也者，質直而
shì wén yě fēi dá yě fú dá yě zhě zhì zhí ér

好義，察言而觀色，慮以下人。在邦
hào yì chá yán ér guān sè lǜ yǐ xià rén zài bāng

必達，在家必達。夫聞也者，色取仁
bì dá zài jiā bì dá fú wén yě zhě sè qǔ rén

而行違，居之不疑，在邦必聞，在家
ér xíng wéi jū zhī bù yí zài bāng bì wén zài jiā

必聞。』
bì wén

樊遲從游于舞雩之下，曰：『敢問
fán chí cóng yóu yú wǔ yú zhī xià yuē gǎn wèn

崇德、修慝、辨惑。』子曰：『善哉問！先
chóng dé xiū tè biàn huò zǐ yuē shàn zāi wèn xiān

事後得，非崇德與？攻其惡，無攻人
shì hòu dé fēi chóng dé yú gōng qí è wú gōng rén

之惡，非修慝與？一朝之忿，忘其身
zhī è fēi xiū tè yú yì zhāo zhī fèn wàng qí shēn

以及其親，非惑與？』
yǐ jí qí qīn, fēi huò yú?

樊遲問仁。子曰：『愛人。』問知。子
fán chí wèn rén. zǐ yuē: ài rén. wèn zhì. zǐ

曰：『知人。』樊遲未達。子曰：『舉直錯
yuē: zhī rén. fán chí wèi dá. zǐ yuē: jǔ zhí cuò

諸枉，能使枉者直。』樊遲退，見子夏
zhū wǎng, néng shǐ wǎng zhě zhí. fán chí tuì, jiàn zǐ xià

曰：『鄉也吾見于夫子而問知，子曰：「舉
yuē: xiàng yě wú jiàn yú fū zǐ ér wèn zhì, zǐ yuē: jǔ

直錯諸枉，能使枉者直。」何謂也？』
zhí cuò zhū wǎng, néng shǐ wǎng zhě zhí. hé wèi yě?

子夏曰：『富哉言乎！舜有天下，選于
zǐ xià yuē: fù zāi yán hū! shùn yǒu tiān xià, xuǎn yú

衆，舉皋陶，不仁者遠矣。湯有天下，選
zhòng, jǔ gāo yáo, bù rén zhě yuǎn yǐ. tāng yǒu tiān xià, xuǎn

于衆，舉伊尹，不仁者遠矣。』
yú zhòng, jǔ yī yǐn, bù rén zhě yuǎn yǐ.

子貢問友。子曰：『忠告而善道之，不可則止，毋自辱焉。』

zǐ gòng wèn yǒu。zǐ yuē：『zhōng gào ér shàn dǎo zhī，bù kě zé zhǐ，wú zì rǔ yān。』

曾子曰：『君子以文會友，以友輔仁。』

zēng zǐ yuē：『jūn zǐ yǐ wén huì yǒu，yǐ yǒu fǔ rén。』

子路第十三
zǐ lù dì shí sān

子路問政。子曰：『先之，勞之。』
zǐ lù wèn zhèng. zǐ yuē: xiān zhī, láo zhī.

請益。子曰：『無倦。』
qǐng yì. zǐ yuē: wú juàn.

仲弓爲季氏宰，問政。子曰：『先有司，赦小過，舉賢才。』曰：『焉知賢才而舉之？』曰：『舉爾所知，爾所不知，人其捨諸？』
zhòng gōng wéi jì shì zǎi, wèn zhèng. zǐ yuē: xiān yǒu sī, shè xiǎo guò, jǔ xián cái. yuē: yān zhī xián cái ér jǔ zhī? yuē: jǔ ěr suǒ zhī, ěr suǒ bù zhī, rén qí shě zhū?

子路曰：『衛君待子而爲政，子將奚先？』子曰：『必也正名乎！』子路
zǐ lù yuē: wèi jūn dài zǐ ér wéi zhèng, zǐ jiāng xī xiān? zǐ yuē: bì yě zhèng míng hū! zǐ lù

曰：『有是哉，子之迂也！奚其正？』子曰：『野哉，由也！君子于其所不知，蓋闕如也。名不正，則言不順；言不順，則事不成；事不成，則禮樂不興；禮樂不興，則刑罰不中；刑罰不中，則民無所措手足。故君子名之必可言也，言之必可行也。君子于其言，無所苟而已矣。』

樊遲請學稼。子曰：『吾不如老

農。』請學爲圃，曰：『吾不如老圃。』樊遲出。子曰：『小人哉，樊須也！上好禮，則民莫敢不敬；上好義，則民莫敢不服；上好信，則民莫敢不用情。夫如是，則四方之民襁負其子而至矣，焉用稼？』

子曰：『誦《詩》三百，授之以政，不達；使於四方，不能專對；雖多，亦奚以爲？』

子(zǐ)曰(yuē)：『其(qí)身(shēn)正(zhèng)，不(bú)令(lìng)而(ér)行(xíng)；其(qí)身(shēn)

不(bú)正(zhèng)，雖(suī)令(lìng)不(bù)從(cóng)。』

子(zǐ)曰(yuē)：『魯(lǔ)衛(wèi)之(zhī)政(zhèng)，兄(xiōng)弟(dì)也(yě)。』

子(zǐ)謂(wèi)衛(wèi)公(gōng)子(zǐ)荊(jīng)，『善(shàn)居(jū)室(shì)。始(shǐ)有(yǒu)，

曰(yuē)：「苟(gǒu)合(hé)矣(yǐ)。」少(shǎo)有(yǒu)，曰(yuē)：「苟(gǒu)完(wán)矣(yǐ)。」富(fù)

有(yǒu)，曰(yuē)：「苟(gǒu)美(měi)矣(yǐ)。」』

子(zǐ)適(shì)衛(wèi)，冉(rǎn)有(yǒu)僕(pú)。子(zǐ)曰(yuē)：『庶(shù)矣(yǐ)哉(zāi)！』

冉(rǎn)有(yǒu)曰(yuē)：『既(jì)庶(shù)矣(yǐ)，又(yòu)何(hé)加(jiā)焉(yān)？』曰(yuē)：『富(fù)

之(zhī)。』曰(yuē)：『既(jì)富(fù)矣(yǐ)，又(yòu)何(hé)加(jiā)焉(yān)？』曰(yuē)：『教(jiào)

之(zhī)。』

子(zǐ)曰(yuē)：『苟(gǒu)有(yǒu)用(yòng)我(wǒ)者(zhě)，期(jī)月(yuè)而(ér)已(yǐ)可(kě)也(yě)，三(sān)年(nián)有(yǒu)成(chéng)。』

子(zǐ)曰(yuē)：『「善(shàn)人(rén)爲(wéi)邦(bāng)百(bǎi)年(nián)，亦(yì)可(kě)以(yǐ)勝(shèng)殘(cán)去(qù)殺(shā)矣(yǐ)。」誠(chéng)哉(zāi)是(shì)言(yán)也(yě)！』

子(zǐ)曰(yuē)：『如(rú)有(yǒu)王(wáng)者(zhě)，必(bì)世(shì)而(ér)後(hòu)仁(rén)。』

子(zǐ)曰(yuē)：『苟(gǒu)正(zhèng)其(qí)身(shēn)矣(yǐ)，于(yú)從(cóng)政(zhèng)乎(hū)何(hé)有(yǒu)？不(bù)能(néng)正(zhèng)其(qí)身(shēn)，如(rú)正(zhèng)人(rén)何(hé)？』

冉(rǎn)子(zǐ)退(tuì)朝(cháo)。子(zǐ)曰(yuē)：『何(hé)晏(yàn)也(yě)？』對(duì)曰(yuē)：

『有政。』子曰：『其事也。如有政，雖不
吾以，吾其與聞之。』
定公問：『一言而可以興邦，有
諸？』孔子對曰：『言不可以若是其幾
也。人之言曰：「爲君難，爲臣不易。」
如知爲君之難也，不幾乎一言而興
邦乎？』曰：『一言而喪邦，有諸？』孔子
對曰：『言不可以若是其幾也。人之言
曰：「予無樂乎爲君，唯其言而莫予

違（wéi）也（yě）。」如（rú）其（qí）善（shàn）而（ér）莫（mò）之（zhī）違（wéi）也（yě），不（bú）亦（yì）善（shàn）乎（hū）？如（rú）不（bú）善（shàn）而（ér）莫（mò）之（zhī）違（wéi）也（yě），不（bù）幾（jī）乎（hū）一（yì）言（yán）而（ér）喪（sàng）邦（bāng）乎（hū）？』

葉（yè）公（gōng）問（wèn）政（zhèng）。子（zǐ）曰（yuē）：『近（jìn）者（zhě）說（yuè），遠（yuǎn）者（zhě）來（lái）。』

子（zǐ）夏（xià）爲（wéi）莒（jǔ）父（fǔ）宰（zǎi），問（wèn）政（zhèng）。子（zǐ）曰（yuē）：『無（wú）欲（yù）速（sù），無（wú）見（jiàn）小（xiǎo）利（lì）。欲（yù）速（sù）則（zé）不（bù）達（dá），見（jiàn）小（xiǎo）利（lì）則（zé）大（dà）事（shì）不（bù）成（chéng）。』

葉（yè）公（gōng）語（yù）孔（kǒng）子（zǐ）曰（yuē）：『吾（wú）黨（dǎng）有（yǒu）直（zhí）躬（gōng）者（zhě），其（qí）父（fù）攘（rǎng）羊（yáng），而（ér）子（zǐ）證（zhèng）之（zhī）。』孔（kǒng）子（zǐ）曰（yuē）：『吾（wú）

黨之直者異于是。父爲子隱，子爲父隱，直在其中矣。」

樊遲問仁。子曰：「居處恭，執事敬，與人忠，雖之夷狄，不可棄也。」

子貢問曰：「何如斯可謂之士矣？」子曰：「行已有恥，使于四方，不辱君命，可謂士矣。」曰：「敢問其次？」曰：「宗族稱孝焉，鄉黨稱弟焉。」曰：「敢問其次。」曰：「言必信，行必果，硜硜(kēng)然(rán)小(xiǎo)人(rén)哉(zāi)！抑(yì)亦(yì)可(kě)以(yǐ)爲(wéi)次(cì)矣(yǐ)。』

曰(yuē)：『今(jīn)之(zhī)從(cóng)政(zhèng)者(zhě)何(hé)如(rú)？』子(zǐ)曰(yuē)：『噫(yī)！斗(dǒu)筲(shāo)之(zhī)人(rén)，何(hé)足(zú)算(suàn)也(yě)？』

子(zǐ)曰(yuē)：『不(bù)得(dé)中(zhōng)行(xíng)而(ér)與(yǔ)之(zhī)，必(bì)也(yě)狂(kuáng)狷(juàn)乎(hū)！狂(kuáng)者(zhě)進(jìn)取(qǔ)，狷(juàn)者(zhě)有(yǒu)所(suǒ)不(bù)爲(wéi)也(yě)。』

子(zǐ)曰(yuē)：『南(nán)人(rén)有(yǒu)言(yán)曰(yuē)：「人(rén)而(ér)無(wú)恒(héng)，不(bù)可(kě)以(yǐ)作(zuò)巫(wū)醫(yī)。」善(shàn)夫(fú)！』「不(bù)恒(héng)其(qí)德(dé)，或(huò)承(chéng)之(zhī)羞(xiū)。」子(zǐ)曰(yuē)：『不(bú)占(zhān)而(ér)已(yǐ)矣(yǐ)。』

子(zǐ)曰(yuē)：『君(jūn)子(zǐ)和(hé)而(ér)不(bù)同(tóng)，小(xiǎo)人(rén)同(tóng)而(ér)

不和。」

bù hé

子貢問曰：「鄉人皆好之，何如？」子曰：「未可也。」「鄉人皆惡之，何如？」子曰：「未可也。不如鄉人之善者好之，其不善者惡之。」

zǐ gòng wèn yuē xiāng rén jiē hào zhī hé rú zǐ yuē wèi kě yě xiāng rén jiē wù zhī hé rú zǐ yuē wèi kě yě bù rú xiāng rén zhī shàn zhě hào zhī qí bú shàn zhě wù zhī

子曰：「君子易事而難說也。說之不以其道，不說也；及其使人也，器之。小人難事而易說也。說之雖不以道，說也；及其使人也，求備焉。」

zǐ yuē jūn zǐ yì shì ér nán yuè yě yuè zhī bù yǐ qí dào bú yuè yě jí qí shǐ rén yě qì zhī xiǎo rén nán shì ér yì yuè yě yuè zhī suī bù yǐ dào yuè yě jí qí shǐ rén yě qiú bèi yān

子曰：「君子泰而不驕，小人驕而不泰。」

zǐ yuē jūn zǐ tài ér bù jiāo xiǎo rén jiāo ér bú tài

子曰：「剛毅木訥，近仁。」

zǐ yuē gāng yì mù nè jìn rén

子路問曰：「何如斯可謂之士矣？」子曰：「切切偲偲、怡怡如也，可謂士矣。朋友切切偲偲，兄弟怡怡。」

zǐ lù wèn yuē hé rú sī kě wèi zhī shì yǐ zǐ yuē qiè qiè sī sī yí yí rú yě kě wèi shì yǐ péng yǒu qiè qiè sī sī xiōng dì yí yí

子曰：「善人教民七年，亦可以即戎矣。」

zǐ yuē shàn rén jiào mín qī nián yì kě yǐ jí róng yǐ

子曰：「以不教民戰，是謂棄之。」

zǐ yuē yǐ bú jiào mín zhàn shì wèi qì zhī

憲問第十四
xiàn wèn dì shí sì

憲問恥。子曰：『邦有道，穀；邦無道，穀，恥也。』

xiàn wèn chǐ. zǐ yuē: bāng yǒu dào, gǔ; bāng wú dào, gǔ, chǐ yě.

『克、伐、怨、欲不行焉，可以爲仁矣？』子曰：『可以爲難矣，仁則吾不知也。』

kè, fá, yuàn, yù bù xíng yān, kě yǐ wéi rén yǐ? zǐ yuē: kě yǐ wéi nán yǐ, rén zé wú bù zhī yě.

子曰：『士而懷居，不足以爲士矣。』

zǐ yuē: shì ér huái jū, bù zú yǐ wéi shì yǐ.

子曰：『邦有道，危言危行；邦無道，危行言孫。』

zǐ yuē: bāng yǒu dào, wēi yán wēi xíng; bāng wú dào, wēi xíng yán xùn.

子曰：『有德者必有言，有言者不必有德。仁者必有勇，勇者不必有仁。』

zǐ yuē yǒu dé zhě bì yǒu yán yǒu yán zhě bú bì yǒu dé rén zhě bì yǒu yǒng yǒng zhě bú bì yǒu rén

南宮适問于孔子曰：『羿善射，奡盪舟，俱不得其死然。禹、稷躬稼，而有天下。』夫子不答。南宮适出，子曰：『君子哉若人！尚德哉若人！』

nán gōng kuò wèn yú kǒng zǐ yuē yì shàn shè ào dàng zhōu jù bù dé qí sǐ rán yǔ jì gōng jià ér yǒu tiān xià fū zǐ bù dá nán gōng kuò chū zǐ yuē jūn zǐ zāi ruò rén shàng dé zāi ruò rén

子曰：『君子而不仁者有矣夫！未有小人而仁者也！』

zǐ yuē jūn zǐ ér bù rén zhě yǒu yǐ fú wèi yǒu xiǎo rén ér rén zhě yě

子曰：「愛之，能勿勞乎？忠焉，能
zǐ yuē ài zhī néng wù láo hū zhōng yān néng

無誨乎？」
wú huì hū

子曰：「爲命，裨諶草創之，世叔討
zǐ yuē wéi mìng bì chén cǎo chuàng zhī shì shū tǎo

論之，行人子羽修飾之，東里子產潤
lùn zhī xíng rén zǐ yǔ xiū shì zhī dōng lǐ zǐ chǎn rùn

色之。」
sè zhī

或問子產，子曰：「惠人也。」問子
huò wèn zǐ chǎn zǐ yuē huì rén yě wèn zǐ

西，曰：「彼哉！彼哉！」問管仲，曰：「人
xī yuē bǐ zāi bǐ zāi wèn guǎn zhòng yuē rén

也，奪伯氏駢邑三百，飯疏食，沒齒無
yě duó bó shì pián yì sān bǎi fàn shū shí mò chǐ wú

怨言。」
yuàn yán

子曰：『貧而無怨難，富而無驕
zǐ yuē pín ér wú yuàn nán fù ér wú jiāo

易。』
yì

子曰：『孟公綽爲趙魏老則優，不
zǐ yuē mèng gōng chuò wéi zhào wèi lǎo zé yōu bù

可以爲滕薛大夫。』
kě yǐ wéi téng xuē dà fū

子路問成人。子曰：『若臧武仲之
zǐ lù wèn chéng rén zǐ yuē ruò zāng wǔ zhòng zhī

知，公綽之不欲，卞莊子之勇，冉求
zhì gōng chuò zhī bú yù biàn zhuāng zǐ zhī yǒng rǎn qiú

之藝，文之以禮樂，亦可以爲成人
zhī yì wén zhī yǐ lǐ yuè yì kě yǐ wéi chéng rén

矣。』曰：『今之成人者何必然？見利
yǐ yuē jīn zhī chéng rén zhě hé bì rán jiàn lì

思義，見危授命，久要不忘平生之
sī yì jiàn wēi shòu mìng jiǔ yāo bú wàng píng shēng zhī

言，亦可以爲成人矣。』

子問公叔文子于公明賈，曰：『信乎，夫子不言，不笑，不取乎？』公明賈對曰：『以告者過也。夫子時然後言，人不厭其言；樂然後笑，人不厭其笑；義然後取，人不厭其取。』子曰：『其然？豈其然乎？』

子曰：『臧武仲以防求爲後于魯，雖曰不要君，吾不信也。』

子曰：『晉文公譎而不正，齊桓公
zǐ yuē jìn wén gōng jué ér bú zhèng qí huán gōng

正而不譎。』
zhèng ér bù jué

子路曰：『桓公殺公子糾，召忽死
zǐ lù yuē huán gōng shā gōng zǐ jiū zhào hū sǐ

之，管仲不死。』曰：『未仁乎？』子曰：
zhī guǎn zhòng bù sǐ yuē wèi rén hū zǐ yuē

『桓公九合諸侯，不以兵車，管仲之
huán gōng jiǔ hé zhū hóu bù yǐ bīng chē guǎn zhòng zhī

力也。如其仁！如其仁！』
lì yě rú qí rén rú qí rén

子貢曰：『管仲非仁者與？桓公
zǐ gòng yuē guǎn zhòng fēi rén zhě yú huán gōng

殺公子糾，不能死，又相之。』子曰：
shā gōng zǐ jiū bù néng sǐ yòu xiàng zhī zǐ yuē

『管仲相桓公，霸諸侯，一匡天下，民
guǎn zhòng xiàng huán gōng bà zhū hóu yì kuāng tiān xià mín

到于今受其賜。微管仲，吾其被發左衽矣。豈若匹夫匹婦之爲諒也，自經于溝瀆，而莫之知也。』

dào yú jīn shòu qí cì wēi guǎn zhòng wú qí pī fà zuǒ rèn yǐ qǐ ruò pǐ fū pǐ fù zhī wéi liàng yě zì jīng yú gōu dú ér mò zhī zhī yě

公叔文子之臣大夫僎與文子同升諸公。子聞之，曰：『可以爲「文」矣！』

gōng shū wén zǐ zhī chén dà fū zhuàn yǔ wén zǐ tóng shēng zhū gōng zǐ wén zhī yuē kě yǐ wéi wén yǐ

子言衛靈公之無道也，康子曰：『夫如是，奚而不喪？』孔子曰：『仲叔圉治賓客，祝鮀治宗廟，王孫賈治軍

zǐ yán wèi líng gōng zhī wú dào yě kāng zǐ yuē fú rú shì xī ér bú sàng kǒng zǐ yuē zhòng shū yǔ zhì bīn kè zhù tuó zhì zōng miào wáng sūn gǔ zhì jūn

旅。夫如是，奚其喪？」
lǚ fú rú shì xī qí sàng

子曰：「其言之不怍，則爲之也
zǐ yuē qí yán zhī bú zuò zé wéi zhī yě

難。」
nán

陳成子弒簡公。孔子沐浴而
chén chéng zǐ shì jiǎn gōng kǒng zǐ mù yù ér

朝，告于哀公曰：「陳恆弒其君，請討
cháo gào yú āi gōng yuē chén héng shì qí jūn qǐng tǎo

之。」公曰：「告夫三子。」孔子曰：「以
zhī gōng yuē gào fú sān zǐ kǒng zǐ yuē yǐ

吾從大夫之後，不敢不告也！君曰
wú cóng dà fū zhī hòu bù gǎn bú gào yě jūn yuē

『告夫三子』者。」之三子告，不可。孔
gào fú sān zǐ zhě zhī sān zǐ gào bù kě kǒng

子曰：「以吾從大夫之後，不敢不告
zǐ yuē yǐ wú cóng dà fū zhī hòu bù gǎn bú gào

也。』

子路問事君。子曰：『勿欺也，而犯之。』

子曰：『君子上達，小人下達。』

子曰：『古之學者爲己，今之學者爲人。』

蘧伯玉使人于孔子。孔子與之坐而問焉，曰：『夫子何爲？』對曰：『夫子欲寡其過而未能也。』使者出。子曰：

『使乎！使乎！』

shǐ hū shǐ hū

子曰：『不在其位，不謀其政。』

zǐ yuē bú zài qí wèi bù móu qí zhèng

曾子曰：『君子思不出其位。』

zēng zǐ yuē jūn zǐ sī bù chū qí wèi

子曰：『君子耻其言而過其行。』

zǐ yuē jūn zǐ chǐ qí yán ér guò qí xíng

子曰：『君子道者三，我無能焉：仁者不憂，知者不惑，勇者不懼。』

zǐ yuē jūn zǐ dào zhě sān wǒ wú néng yān rén zhě bù yōu zhì zhě bú huò yǒng zhě bú jù

子貢曰：『夫子自道也。』

zǐ gòng yuē fū zǐ zì dào yě

子貢方人。子曰：『賜也賢乎哉？夫我則不暇。』

zi gòng fāng rén zǐ yuē cì yě xián hū zāi fú wǒ zé bù xiá

子曰：『不患人之不己知，患其不能也。』

子曰：『不逆詐，不億不信，抑亦先覺者，是賢乎！』

微生畝謂孔子曰：『丘何爲是栖栖者與？無乃爲佞乎？』孔子曰：『非敢爲佞也，疾固也。』

子曰：『驥不稱其力，稱其德也。』

或曰：『以德報怨，何如？』子曰：『何

以報德？以直報怨，以德報德。」
yǐ bào dé? yǐ zhí bào yuàn, yǐ dé bào dé.

子曰：「莫我知也夫！」子貢曰：「何
zǐ yuē: mò wǒ zhī yě fú! zǐ gòng yuē: hé

爲其莫知子也？」子曰：「不怨天，不尤
wèi qí mò zhī zǐ yě? zǐ yuē: bú yuàn tiān, bù yóu

人，下學而上達，知我者其天乎！」
rén, xià xué ér shàng dá, zhī wǒ zhě qí tiān hū!

公伯寮愬子路于季孫。子服景伯
gōng bó liáo sù zǐ lù yú jì sūn. zǐ fú jǐng bó

以告，曰：「夫子固有惑志于公伯寮，
yǐ gào, yuē: fū zǐ gù yǒu huò zhì yú gōng bó liáo,

吾力猶能肆諸市朝。」子曰：「道之將行
wú lì yóu néng sì zhū shì cháo. zǐ yuē: dào zhī jiāng xíng

也與，命也；道之將廢也與，命也。公
yě yú, mìng yě; dào zhī jiāng fèi yě yú, mìng yě. gōng

伯寮其如命何！」
bó liáo qí rú mìng hé!

子曰：『賢者辟世，其次辟地，其次辟色，其次辟言。』子曰：『作者七人矣。』

zǐ yuē xián zhě bì shì qí cì bì dì qí cì bì sè qí cì bì yán zǐ yuē zuò zhě qī rén yǐ

子路宿于石門。晨門曰：『奚自？』子路曰：『自孔氏。』曰：『是知其不可而爲之者與？』

zǐ lù sù yú shí mén chén mén yuē xī zì zǐ lù yuē zì kǒng shì yuē shì zhī qí bù kě ér wéi zhī zhě yú

子擊磬于衛。有荷蕢而過孔氏之門者，曰：『有心哉，擊磬乎！』既而曰：『鄙哉，硜硜乎！莫己知也，斯己

zǐ jī qìng yú wèi yǒu hè kuì ér guò kǒng shì zhī mén zhě yuē yǒu xīn zāi jī qìng hū jì ér yuē bǐ zāi kēng kēng hū mò jǐ zhī yě sī yǐ

而已矣。深則厲，淺則揭。」子曰：「果哉！末之難矣。」

子張曰：「《書》云：『高宗諒陰，三年不言。』何謂也？」子曰：「何必高宗，古之人皆然。君薨，百官總己以聽于冢宰三年。」

子曰：「上好禮，則民易使也。」

子路問君子。子曰：「修己以敬。」曰：「如斯而已乎？」曰：「修己以安人。」

曰：『如斯而已乎？』曰：『修己以安百
yuē rú sī ér yǐ hū yuē xiū jǐ yǐ ān bǎi

姓。修己以安百姓，堯舜其猶病諸！』
xìng xiū jǐ yǐ ān bǎi xìng yáo shùn qí yóu bìng zhū

原壤夷俟，子曰：『幼而不孫弟，長
yuán rǎng yí sì zǐ yuē yòu ér bú xùn tì zhǎng

而無述焉，老而不死，是爲賊。』以杖
ér wú shù yān lǎo ér bù sǐ shì wéi zéi yǐ zhàng

叩其脛。
kòu qí jìng

闕黨童子將命。或問之曰：『益者
quē dǎng tóng zǐ jiāng mìng huò wèn zhī yuē yì zhě

與？』子曰：『吾見其居于位也，見其與
yú zǐ yuē wú jiàn qí jū yú wèi yě jiàn qí yǔ

先生并行也。非求益者也，欲速成者
xiān shēng bìng xíng yě fēi qiú yì zhě yě yù sù chéng zhě

也。』
yě

衛靈公第十五
wèi líng gōng dì shí wǔ

衛靈公問陳于孔子。孔子對
wèi líng gōng wèn zhèn yú kǒng zǐ kǒng zǐ duì

曰：「俎豆之事，則嘗聞之矣；軍旅之
yuē zǔ dòu zhī shì zé cháng wén zhī yǐ jūn lǚ zhī

事，未之學也。」明日遂行。
shì wèi zhī xué yě míng rì suì xíng

在陳絕糧，從者病，莫能興。子路
zài chén jué liáng cóng zhě bìng mò néng xīng zǐ lù

慍見曰：「君子亦有窮乎？」子曰：「君
yùn jiàn yuē jūn zǐ yì yǒu qióng hū zǐ yuē jūn

子固窮，小人窮斯濫矣。」
zǐ gù qióng xiǎo rén qióng sī làn yǐ

子曰：「賜也，女以予爲多學而識
zǐ yuē cì yě rú yǐ yú wéi duō xué ér zhì

之者與？」對曰：「然，非與？」曰：「非
zhī zhě yú duì yuē rán fēi yú yuē fēi

也，予一以貫之。』

子曰：『由！知德者鮮矣。』

子曰：『無爲而治者，其舜也與！夫何爲哉？恭己正南面而已矣。』

子張問行。子曰：『言忠信，行篤敬，雖蠻貊之邦行矣。言不忠信，行不篤敬，雖州里行乎哉？立，則見其參于前也；在輿，則見其倚于衡也。夫然後行。』子張書諸紳。

子曰：『直哉史魚！邦有道，如
zǐ yuē zhí zāi shǐ yú bāng yǒu dào rú

矢；邦無道，如矢。君子哉蘧伯玉！
shǐ bāng wú dào rú shǐ jūn zǐ zāi qú bó yù

邦有道，則仕；邦無道，則可卷而懷
bāng yǒu dào zé shì bāng wú dào zé kě juǎn ér huái

之。』
zhī

子曰：『可與言，而不與之言，失
zǐ yuē kě yǔ yán ér bù yǔ zhī yán shī

人；不可與言，而與之言，失言。知者
rén bù kě yǔ yán ér yǔ zhī yán shī yán zhì zhě

不失人，亦不失言。』
bù shī rén yì bù shī yán

子曰：『志士仁人，無求生以害
zǐ yuē zhì shì rén rén wú qiú shēng yǐ hài

仁，有殺身以成仁。』
rén yǒu shā shēn yǐ chéng rén

子貢問爲仁。子曰：「工欲善其事，必先利其器。居是邦也，事其大夫之賢者，友其士之仁者。」

zǐ gòng wèn wéi rén. zǐ yuē: gōng yù shàn qí shì, bì xiān lì qí qì. jū shì bāng yě, shì qí dà fū zhī xián zhě, yǒu qí shì zhī rén zhě.

顏淵問爲邦。子曰：「行夏之時，乘殷之輅，服周之冕，樂則《韶》、《舞》。放鄭聲，遠佞人。鄭聲淫，佞人殆。」

yán yuān wèn wéi bāng. zǐ yuē: xíng xià zhī shí, chéng yīn zhī lù, fú zhōu zhī miǎn, yuè zé sháo wǔ. fàng zhèng shēng, yuǎn nìng rén. zhèng shēng yín, nìng rén dài.

子曰：「人無遠慮，必有近憂。」

zǐ yuē: rén wú yuǎn lǜ, bì yǒu jìn yōu.

子曰：「已矣乎！吾未見好德如好色者也。」

zǐ yuē: yǐ yǐ hū! wú wèi jiàn hào dé rú hào sè zhě yě.

子曰：『臧文仲其竊位者與！知柳
zǐ yuē zāng wén zhòng qí qiè wèi zhě yú zhī liǔ

下惠之賢，而不與立也。』
xià huì zhī xián ér bù yǔ lì yě

子曰：『躬自厚而薄則于人，則遠
zǐ yuē gōng zì hòu ér bó zé yú rén zé yuǎn

怨矣。』
yuàn yǐ

子曰：『不曰「如之何，如之何」
zǐ yuē bù yuē rú zhī hé rú zhī hé

者，吾末如之何也已矣！』
zhě wú mò rú zhī hé yě yǐ yǐ

子曰：『群居終日，言不及義，好行
zǐ yuē qún jū zhōng rì yán bù jí yì hào xíng

小慧，難矣哉！』
xiǎo huì nán yǐ zāi

子曰：『君子義以爲質，禮以行
zǐ yuē jūn zǐ yì yǐ wéi zhì lǐ yǐ xíng

之，孫以出之，信以成之。君子哉！』
zhī, xùn yǐ chū zhī, xìn yǐ chéng zhī. jūn zǐ zāi!

子曰：『君子病無能焉，不病人之不己知也。』
zǐ yuē: jūn zǐ bìng wú néng yān, bú bìng rén zhī bù jǐ zhī yě.

子曰：『君子疾沒世而名不稱焉。』
zǐ yuē: jūn zǐ jí mò shì ér míng bù chēng yān.

子曰：『君子求諸己，小人求諸人。』
zǐ yuē: jūn zǐ qiú zhū jǐ, xiǎo rén qiú zhū rén.

子曰：『君子矜而不爭，群而不黨。』
zǐ yuē: jūn zǐ jīn ér bù zhēng, qún ér bù dǎng.

子曰：『君子不以言舉人，不以人廢言。』
zǐ yuē: jūn zǐ bù yǐ yán jǔ rén, bù yǐ rén fèi yán.

子貢問曰：『有一言而可以終身
zǐ gòng wèn yuē: yǒu yì yán ér kě yǐ zhōng shēn

行之者乎？』子曰：『其恕乎！己所不欲，勿施于人。』
xíng zhī zhě hū? Zǐ yuē: Qí shù hū! Jǐ suǒ bù yù, wù shī yú rén.

子曰：『吾之于人也，誰毀誰譽？如有所譽者，其有所試矣。斯民也，三代之所以直道而行也。』
Zǐ yuē: Wú zhī yú rén yě, shuí huǐ shuí yù? Rú yǒu suǒ yù zhě, qí yǒu suǒ shì yǐ. Sī mín yě, sān dài zhī suǒ yǐ zhí dào ér xíng yě.

子曰：『吾猶及史之闕文也，有馬者借人乘之，今亡矣夫！』
Zǐ yuē: Wú yóu jí shǐ zhī quē wén yě, yǒu mǎ zhě jiè rén chéng zhī, jīn wú yǐ fú!

子曰：『巧言亂德。小不忍，則亂大謀。』
Zǐ yuē: Qiǎo yán luàn dé. Xiǎo bù rěn, zé luàn dà móu.

子曰：「衆惡之，必察焉；衆好之，必察焉。」

zǐ yuē zhòng wù zhī bì chá yān zhòng hǎo zhī bì chá yān

子曰：「人能弘道，非道弘人。」

zǐ yuē rén néng hóng dào fēi dào hóng rén

子曰：「過而不改，是謂過矣。」

zǐ yuē guò ér bù gǎi shì wèi guò yǐ

子曰：「吾嘗終日不食，終夜不寢，以思，無益，不如學也。」

zǐ yuē wú cháng zhōng rì bù shí zhōng yè bù qǐn yǐ sī wú yì bù rú xué yě

子曰：「君子謀道不謀食。耕也，餒在其中矣；學也，祿在其中矣。君子憂道不憂貧。」

zǐ yuē jūn zǐ móu dào bù móu shí gēng yě něi zài qí zhōng yǐ xué yě lù zài qí zhōng yǐ jūn zǐ yōu dào bù yōu pín

子曰：『知及之，仁不能守之，雖得之，必失之。知及之，仁能守之，不莊以莅之，則民不敬。知及之，仁能守之，莊以莅之，動之不以禮，未善也。』

zǐ yuē：『zhī jí zhī，rén bù néng shǒu zhī，suī dé zhī，bì shī zhī。zhì jí zhī，rén néng shǒu zhī，bù zhuāng yǐ lì zhī，zé mín bú jìng。zhì jí zhī，rén néng shǒu zhī，zhuāng yǐ lì zhī，dòng zhī bù yǐ lǐ，wèi shàn yě。』

子曰：『君子不可小知，而可大受也；小人不可大受，而可小知也。』

zǐ yuē：『jūn zǐ bù kě xiǎo zhī，ér kě dà shòu yě；xiǎo rén bù kě dà shòu，ér kě xiǎo zhī yě。』

子曰：『民之于仁也，甚于水火。水火，吾見蹈而死者矣，未見蹈仁而死

zǐ yuē：『mín zhī yú rén yě，shèn yú shuǐ huǒ。shuǐ huǒ，wú jiàn dǎo ér sǐ zhě yǐ，wèi jiàn dǎo rén ér sǐ

者也。」
zhě yě

子曰：「當仁不讓于師。」
zǐ yuē dāng rén bú ràng yú shī

子曰：「君子貞而不諒。」
zǐ yuē jūn zǐ zhēn ér bù liàng

子曰：「事君，敬其事而後其食。」
zǐ yuē shì jūn jìng qí shì ér hòu qí shí

子曰：「有教無類。」
zǐ yuē yǒu jiào wú lèi

子曰：「道不同，不相爲謀。」
zǐ yuē dào bù tóng bù xiāng wéi móu

子曰：「辭達而已矣。」
zǐ yuē cí dá ér yǐ yǐ

師冕見。及階，子曰：「階也。」及
shī miǎn jiàn jí jiē zǐ yuē jiē yě jí

席，子曰：「席也。」皆坐，子告之曰：「某
xí zǐ yuē xí yě jiē zuò zǐ gào zhī yuē mǒu

在斯，某在斯。』師冕出。子張問曰：

「與師言之道與？」子曰：「然，固相師

之道也。」

季氏第十六
jì shì dì shí liù

季氏將伐顓臾，冉有、季路見于
jì shì jiāng fá zhuān yú, rǎn yǒu、jì lù jiàn yú

孔子曰：「季氏將有事于顓臾。」孔子
kǒng zǐ yuē:「jì shì jiāng yǒu shì yú zhuān yú。」kǒng zǐ

曰：「求，無乃爾是過與？夫顓臾，昔者先
yuē:「qiú, wú nǎi ěr shì guò yú? fú zhuān yú, xī zhě xiān

王以爲東蒙主，且在邦域之中矣，是
wáng yǐ wéi dōng méng zhǔ, qiě zài bāng yù zhī zhōng yǐ, shì

社稷之臣也，何以伐爲？」冉有曰：「夫
shè jì zhī chén yě, hé yǐ fá wéi?」rǎn yǒu yuē:「fū

子欲之，吾二臣者，皆不欲也。」孔子
zǐ yù zhī, wú èr chén zhě, jiē bù yù yě。」kǒng zǐ

曰：「求，周任有言曰：『陳力就列，不能
yuē:「qiú, zhōu rén yǒu yán yuē:『chén lì jiù liè, bù néng

者止。』危而不持，顛而不扶，則將焉
zhě zhǐ。』wēi ér bù chí, diān ér bù fú, zé jiāng yān

用彼相矣？且爾言過矣！虎兕出于柙，龜玉毀于櫝中，是誰之過與？』冉有曰：『今夫顓臾，固而近于費。今不取，後世必爲子孫憂。』

孔子曰：『求，君子疾夫捨曰欲之而必爲之辭。丘也聞：有國有家者，不患貧而患不均，不患寡而患不安。蓋均無貧，和無寡，安無傾。夫如是，故遠人不服，則修文德以來之。既來之，

則安之。今由與求也，相夫子，遠人不
zé ān zhī jīn yóu yǔ qiú yě xiàng fū zǐ yuǎn rén bù

服而不能來也，邦分崩離析而不能
fú ér bù néng lái yě bāng fēn bēng lí xī ér bù néng

守也，而謀動干戈於邦內。吾恐季孫
shǒu yě ér móu dòng gān gē yú bāng nèi wú kǒng jì sūn

之憂，不在顓臾，而在蕭牆之內也。』
zhī yōu bú zài zhuān yú ér zài xiāo qiáng zhī nèi yě

孔子曰：『天下有道，則禮樂征伐
kǒng zǐ yuē tiān xià yǒu dào zé lǐ yuè zhēng fá

自天子出；天下無道，則禮樂征伐
zì tiān zǐ chū tiān xià wú dào zé lǐ yuè zhēng fá

自諸侯出。自諸侯出，蓋十世希不失
zì zhū hóu chū zì zhū hóu chū gài shí shì xī bù shī

矣；自大夫出，五世希不失矣；陪臣執
yǐ zì dà fū chū wǔ shì xī bù shī yǐ péi chén zhí

國命，三世希不失矣。天下有道，則政
guó mìng sān shì xī bù shī yǐ tiān xià yǒu dào zé zhèng

不在大夫。天下有道，則庶人不議。』

孔子曰：『祿之去公室五世矣，政逮于大夫四世矣，故夫三桓之子孫微矣。』

孔子曰：『益者三友，損者三友。友直，友諒，友多聞，益矣。友便辟，友善柔，友便佞，損矣。』

孔子曰：『益者三樂，損者三樂。樂節禮樂，樂道人之善，樂多賢友，益矣。樂驕樂，樂佚游，樂宴樂，損矣。』

孔子曰：『侍于君子有三愆：言未
kǒng zǐ yuē shì yú jūn zǐ yǒu sān qiān yán wèi

及之而言謂之躁，言及之而不言謂
jí zhī ér yán wèi zhī zào yán jí zhī ér bù yán wèi

之隱，未見顏色而言謂之瞽。』
zhī yǐn wèi jiàn yán sè ér yán wèi zhī gǔ

孔子曰：『君子有三戒：少之時，血
kǒng zǐ yuē jūn zǐ yǒu sān jiè shào zhī shí xuè

氣未定，戒之在色；及其壯也，血氣
qì wèi dìng jiè zhī zài sè jí qí zhuàng yě xuè qì

方剛，戒之在鬥；及其老也，血氣既
fāng gāng jiè zhī zài dòu jí qí lǎo yě xuè qì jì

衰，戒之在得。』
shuāi jiè zhī zài dé

孔子曰：『君子有三畏：畏天命，畏
kǒng zǐ yuē jūn zǐ yǒu sān wèi wèi tiān mìng wèi

大人，畏聖人之言。小人不知天命而
dà rén wèi shèng rén zhī yán xiǎo rén bù zhī tiān mìng ér

不畏也，狎大人，侮聖人之言。』
bú wèi yě， xiá dà ren， wǔ shèng rén zhī yán。

孔子曰：『生而知之者，上也；學而
kǒng zǐ yuē： shēng ér zhī zhī zhě， shàng yě； xué ér

知之者，次也；困而學之，又其次
zhī zhī zhě， cì yě； kùn ér xué zhī， yòu qí cì

也；困而不學，民斯爲下矣。』
yě； kùn ér bù xué， mín sī wéi xià yǐ。

孔子曰：『君子有九思：視思明，聽
kǒng zǐ yuē： jūn zǐ yǒu jiǔ sī： shì sī míng， tīng

思聰，色思溫，貌思恭，言思忠，事思
sī cōng， sè sī wēn， mào sī gōng， yán sī zhōng， shì sī

敬，疑思問，忿思難，見得思義。』
jìng， yí sī wèn， fèn sī nàn， jiàn dé sī yì。

孔子曰：『見善如不及，見不善如
kǒng zǐ yuē： jiàn shàn rú bù jí， jiàn bú shàn rú

探湯。吾見其人矣，吾聞其語矣。隱
tàn tāng。 wú jiàn qí rén yǐ， wú wén qí yǔ yǐ。 yǐn

居以求其志，行義以達其道。吾聞其
jū yǐ qiú qí zhì xíng yì yǐ dá qí dào wú wén qí

語矣，未見其人也。
yǔ yǐ wèi jiàn qí rén yě

齊景公有馬千駟，死之日，民無得
qí jǐng gōng yǒu mǎ qiān sì sǐ zhī rì mín wú dé

而稱焉。伯夷叔齊餓于首陽之下，民
ér chēng yān bó yí shū qí è yú shǒu yáng zhī xià mín

到于今稱之。其斯之謂與？』
dào yú jīn chēng zhī qí sī zhī wèi yú

陳亢問于伯魚曰：『子亦有異聞
chén gāng wèn yú bó yú yuē zǐ yì yǒu yì wén

乎？』對曰：『未也。嘗獨立，鯉趨而過
hū duì yuē wèi yě cháng dú lì lǐ qū ér guò

庭。曰：「學《詩》乎？」對曰：「未也。」「不
tíng yuē xué shī hū duì yuē wèi yě bù

學《詩》，無以言。」鯉退而學《詩》。
xué shī wú yǐ yán lǐ tuì ér xué shī

他日，又獨立，鯉趨而過庭。曰：「學
禮乎？」對曰：「未也。」「不學禮，無以
立。」鯉退而學禮。聞斯二者。」陳亢
退而喜曰：「問一得三，聞詩，聞禮，又
聞君子之遠其子也。」

邦君之妻，君稱之曰「夫人」，夫
人自稱曰「小童」，邦人稱之曰「君夫
人」，稱諸異邦曰「寡小君」，異邦人
稱之亦曰「君夫人」。

陽貨第十七
yáng huò dì shí qī

陽貨欲見孔子，孔子不見，歸孔子豚。孔子時其亡也，而往拜之。遇諸塗。謂孔子曰：『來！予與爾言。』曰：「懷其寶而迷其邦，可謂仁乎？」曰：「不可。」「好從事而亟失時，可謂知乎？」曰：「不可。」「日月逝矣，歲不我與！』孔子曰：『諾，吾將仕矣。』

yáng huò yù jiàn kǒng zǐ, kǒng zǐ bú jiàn, kuì kǒng zǐ tún. kǒng zǐ sì qí wáng yě, ér wǎng bài zhī. yù zhū tú. wèi kǒng zǐ yuē: lái! yú yǔ ěr yán. yuē: huái qí bǎo ér mí qí bāng, kě wèi rén hū? yuē: bù kě. hào cóng shì ér qì shī shí, kě wèi zhì hū? yuē: bù kě. rì yuè shì yǐ, suì bù wǒ yǔ! kǒng zǐ yuē: nuò, wú jiāng shì yǐ.

子曰：『性相近也，習相遠也。』

zǐ yuē: xìng xiāng jìn yě, xí xiāng yuǎn yě.

子曰：『唯上知與下愚不移。』

子之武城，聞弦歌之聲。夫子莞爾而笑曰：『割雞焉用牛刀？』子游對曰：『昔者偃也聞諸夫子曰：「君子學道則愛人，小人學道則易使也。」』子曰：『二三子！偃之言是也。前言戲之耳。』

公山弗擾以費畔，召，子欲往。子路不說，曰：『末之也已，何必公山

氏之之也？』子曰：『夫召我者，而豈徒
shì zhī zhī yě zǐ yuē fú zhào wǒ zhě ér qǐ tú

哉？如有用我者，吾其爲東周乎！』
zāi rú yǒu yòng wǒ zhě wú qí wéi dōng zhōu hū

子張問仁于孔子。孔子曰：『能行五
zǐ zhāng wèn rén yú kǒng zǐ kǒng zǐ yuē néng xíng wǔ

者于天下，爲仁矣。』請問之？曰：『恭、
zhě yú tiān xià wéi rén yǐ qǐng wèn zhī yuē gōng

寬、信、敏、惠。恭則不侮，寬則得衆，信
kuān xìn mǐn huì gōng zé bù wǔ kuān zé dé zhòng xìn

則人任焉，敏則有功，惠則足以使
zé rén rèn yān mǐn zé yǒu gōng huì zé zú yǐ shǐ

人。』
rén

佛肸召，子欲往。子路曰：『昔者
bì xī zhào zǐ yù wǎng zǐ lù yuē xī zhě

由也聞諸夫子曰：「親于其身爲不善
yóu yě wén zhū fū zǐ yuē qīn yú qí shēn wéi bú shàn

者，君子不入也。」佛肸以中牟畔，子之往也，如之何？」子曰：「然。有是言也。不曰堅乎，磨而不磷；不曰白乎，涅而不緇。吾豈匏瓜也哉？焉能系而不食？」

子曰：「由也，女聞六言六蔽矣乎？」對曰：「未也。」「居！吾語汝。好仁不好學，其蔽也愚；好知不好學，其蔽也蕩；好信不好學，其蔽也賊；

好直不好學，其蔽也絞；好勇不好學，其蔽也亂；好剛不好學，其蔽也狂。』

子曰：『小子何莫學夫《詩》？《詩》，可以興，可以觀，可以群，可以怨。邇之事父，遠之事君，多識於鳥獸草木之名。』

子謂伯魚曰：『汝爲《周南》、《召南》矣乎？人而不爲《周南》、《召南》，其猶正墻面而立也與！』
qí yóu zhèng qiáng miàn ér lì yě yú

子曰：『禮云禮云，玉帛云乎哉？樂
zǐ yuē lǐ yún lǐ yún yù bó yún hū zāi yuè

云樂云，鐘鼓云乎哉？』
yún yuè yún zhōng gǔ yún hū zāi

子曰：『色厲而內荏，譬諸小人，其
zǐ yuē sè lì ér nèi rěn pì zhū xiǎo rén qí

猶穿窬之盜也與！』
yóu chuān yú zhī dào yě yú

子曰：『鄉原，德之賊也！』
zǐ yuē xiāng yuàn dé zhī zéi yě

子曰：『道聽而途說，德之棄也。』
zǐ yuē dào tīng ér tú shuō dé zhī qì yě

子曰：『鄙夫可與事君也與哉？其
zǐ yuē bǐ fū kě yǔ shì jūn yě yú zāi qí

未得之也，患得之；既得之，患失
wèi dé zhī yě huàn dé zhī jì dé zhī huàn shī

之。苟患失之，無所不至矣。』

子曰：『古者民有三疾，今也或是之亡也。古之狂也肆，今之狂也蕩；古之矜也廉，今之矜也忿戾；古之愚也直，今之愚也詐而已矣。』

子曰：『巧言令色，鮮矣仁。』

子曰：『惡紫之奪朱也，惡鄭聲之亂雅樂也，惡利口之覆邦家者。』

子曰：『予欲無言。』子貢曰：『子如

不言，則小子何述焉？』子曰：『天何
bù yán zé xiǎo zǐ hé shù yān zǐ yuē tiān hé

言哉？四時行焉，百物生焉，天何言
yán zāi sì shí xíng yān bǎi wù shēng yān tiān hé yán

哉？』
zāi

孺悲欲見孔子，孔子辭以疾。將
rú bēi yù jiàn kǒng zǐ kǒng zǐ cí yǐ jí jiāng

命者出戶，取瑟而歌，使之聞之。
mìng zhě chū hù qǔ sè ér gē shǐ zhī wén zhī

宰我問：『三年之喪，期已久矣。君
zǎi wǒ wèn sān nián zhī sāng qī yǐ jiǔ yǐ jūn

子三年不爲禮，禮必壞；三年不爲
zǐ sān nián bù wéi lǐ lǐ bì huài sān nián bù wéi

樂，樂必崩。舊谷既沒，新谷既升，鑽
yuè yuè bì bēng jiù gǔ jì mò xīn gǔ jì shēng zuān

燧改火，期可已矣。』子曰：『食夫稻，衣
suì gǎi huǒ jī kě yǐ yǐ zǐ yuē shí fú dào yī

夫錦，于女安乎？』曰：『安。』『女安，則
fú jǐn yú rǔ ān hū yuē ān rǔ ān zé

爲之！夫君子之居喪，食旨不甘，聞
wéi zhī fú jūn zǐ zhī jū sāng shí zhǐ bù gān wén

樂不樂，居處不安，故不爲也。今女
yuè bú lè jū chǔ bù ān gù bù wéi yě jīn rǔ

安，則爲之！』宰我出。子曰：『予之不仁
ān zé wéi zhī zǎi wǒ chū zǐ yuē yú zhī bù rén

也！子生三年，然後免于父母之懷。夫
yě zǐ shēng sān nián rán hòu miǎn yú fù mǔ zhī huái fú

三年之喪，天下之通喪也。予也有三
sān nián zhī sāng tiān xià zhī tōng sāng yě yú yě yǒu sān

年之愛于其父母乎？』
nián zhī ài yú qí fù mǔ hū

子曰：『飽食終日，無所用心，難矣
zǐ yuē bǎo shí zhōng rì wú suǒ yòng xīn nán yǐ

哉！不有博弈者乎？爲之，猶賢乎已。』
zāi bù yǒu bó yì zhě hū wéi zhī yóu xián hū yǐ

子(zǐ)路(lù)曰(yuē)：『君(jūn)子(zǐ)尚(shàng)勇(yǒng)乎(hū)？』子(zǐ)曰(yuē)：『君(jūn)子(zǐ)義(yì)以(yǐ)爲(wéi)上(shàng)。君(jūn)子(zǐ)有(yǒu)勇(yǒng)而(ér)無(wú)義(yì)爲(wéi)亂(luàn)，小(xiǎo)人(rén)有(yǒu)勇(yǒng)而(ér)無(wú)義(yì)爲(wéi)盜(dào)。』

子(zǐ)貢(gòng)曰(yuē)：『君(jūn)子(zǐ)亦(yì)有(yǒu)惡(wù)乎(hū)？』子(zǐ)曰(yuē)：『有(yǒu)惡(wù)：惡(wù)稱(chēng)人(rén)之(zhī)惡(è)者(zhě)，惡(wù)居(jū)下(xià)而(ér)訕(shàn)上(shàng)者(zhě)，惡(wù)勇(yǒng)而(ér)無(wú)禮(lǐ)者(zhě)，惡(wù)果(guǒ)敢(gǎn)而(ér)窒(zhì)者(zhě)。』曰(yuē)：『賜(cì)也(yě)亦(yì)有(yǒu)惡(wù)乎(hū)？』『惡(wù)敫(jiǎo)以(yǐ)爲(wéi)知(zhī)者(zhě)，惡(wù)不(bú)遜(xùn)以(yǐ)爲(wéi)勇(yǒng)者(zhě)，惡(wù)訐(jié)以(yǐ)爲(wéi)直(zhí)者(zhě)。』

子曰：『唯女子與小人爲難養也，近之則不孫，遠之則怨。』

zǐ yuē wéi nǚ zǐ yǔ xiǎo rén wéi nán yǎng yě jìn zhī zé bú xùn yuǎn zhī zé yuàn

子曰：『年四十而見惡焉，其終也已。』

zǐ yuē nián sì shí ér jiàn wù yān qí zhōng yě yǐ

微子第十八

wēi zi dì shí bā

微子去之，箕子爲之奴，比干諫

wēi zǐ qù zhī jī zǐ wéi zhī nú bǐ gān jiàn

而死。孔子曰：「殷有三仁焉。」

ér sǐ kǒng zǐ yuē yīn yǒu sān rén yān

柳下惠爲士師，三黜。人曰：「子未可

liǔ xià huì wéi shì shī sān chù rén yuē zǐ wèi kě

以去乎？」曰：「直道而事人，焉往而不三

yǐ qù hū yuē zhí dào ér shì rén yān wǎng ér bù sān

黜？枉道而事人，何必去父母之邦？」

chù wǎng dào ér shì rén hé bì qù fù mǔ zhī bāng

齊景公待孔子，曰：「若季氏，則

qí jǐng gōng dài kǒng zǐ yuē ruò jì shì zé

吾不能，以季、孟之間待之。」曰：「吾

wú bù néng yǐ jì mèng zhī jiān dài zhī yuē wú

老矣，不能用也。」孔子行。

lǎo yǐ bù néng yòng yě kǒng zǐ xíng

齊人歸女樂。季桓子受之，三日
qí rén kuì nǚ yuè。jì huán zǐ shòu zhī，sān rì

不朝。孔子行。
bù cháo。kǒng zǐ xíng。

楚狂接輿歌而過孔子，曰：『鳳
chǔ kuáng jiē yú gē ér guò kǒng zǐ，yuē：『fèng

兮！鳳兮！何德之衰？往者不可諫，來
xī！fèng xī！hé dé zhī shuāi？wǎng zhě bù kě jiàn，lái

者猶可追。已而！已而！今之從政者
zhě yóu kě zhuī。yǐ ér！yǐ ér！jīn zhī cóng zhèng zhě

殆而！』孔子下，欲與之言。趨而避
dài ér！』kǒng zǐ xià，yù yǔ zhī yán。qū ér bì

之，不得與之言。
zhī，bù dé yǔ zhī yán。

長沮、桀溺耦而耕。孔子過之，使
cháng jū、jié nì ǒu ér gēng。kǒng zǐ guò zhī，shǐ

子路問津焉。長沮曰：『夫執輿者爲
zǐ lù wèn jīn yān。cháng jū yuē：『fú zhí yú zhě wéi

誰？」子路曰：「爲孔丘。」曰：「是魯孔丘與？」曰：「是也。」曰：「是知津矣！」問於桀溺。桀溺曰：「子爲誰？」曰：「爲仲由。」曰：「是魯孔丘之徒與？」對曰：「然。」曰：「滔滔者，天下皆是也，而誰以易之？且而與其從辟人之士也，豈若從辟世之士哉？」耰而不輟。子路行以告。夫子憮然曰：「鳥獸不可與同群，吾非斯人之徒與而誰與？天下有道，丘不與易也。』
yǒu dào， qiū bù yǔ yì yě。』

子路從而後，遇丈人，以杖荷
zǐ lù cóng ér hòu， yù zhàng ren， yǐ zhàng hè

蓧。子路問曰：『子見夫子乎？』丈人
diào。 zǐ lù wèn yuē：『zǐ jiàn fū zǐ hū？』 zhàng rén

曰：『四體不勤，五谷不分，孰爲夫
yuē：『sì tǐ bù qín， wǔ gǔ bù fēn， shú wéi fū

子？』植其杖而芸。子路拱而立。止
zǐ？』 zhí qí zhàng ér yún。 zǐ lù gǒng ér lì。 zhǐ

子路宿，殺鷄爲黍而食之，見其二
zǐ lù sù， shā jī wéi shǔ ér sì zhī， jiàn qí èr

子焉。明日，子路行以告。子曰：『隱
zǐ yān。 míng rì， zǐ lù xíng yǐ gào。 zǐ yuē：『yǐn

者也。』使子路反見之。至則行矣。子
zhě yě。』 shǐ zǐ lù fǎn jiàn zhī。 zhì zé xíng yǐ。 zǐ

路曰：『不仕無義。長幼之節，不可廢
lù yuē：『bú shì wú yì。 zhǎng yòu zhī jié， bù kě fèi

也；君臣之義，如之何其廢之？欲潔
yě jūn chén zhī yì rú zhī hé qí fèi zhī yù jié

其身，而亂大倫。君子之仕也，行其義
qí shēn ér luàn dà lún jūn zǐ zhī shì yě xíng qí yì

也。道之不行，已知之矣。』
yě dào zhī bù xíng yǐ zhī zhī yǐ

逸民：伯夷、叔齊、虞仲、夷逸、朱
yì mín bó yí shū qí yú zhòng yí yì zhū

張、柳下惠、少連。子曰：『不降其志，
zhāng liǔ xià huì shào lián zǐ yuē bú jiàng qí zhì

不辱其身，伯夷、叔齊與！』謂『柳下
bù rǔ qí shēn bó yí shū qí yú wèi liǔ xià

惠、少連，降志辱身矣，言中倫，行中
huì shào lián jiàng zhì rǔ shēn yǐ yán zhòng lún xíng zhòng

慮，其斯而已矣！』謂『虞仲、夷逸，隱居
lǜ qí sī ér yǐ yǐ wèi yú zhòng yí yì yǐn jū

放言，身中清，廢中權。我則異于是，
fàng yán shēn zhòng qīng fèi zhòng quán wǒ zé yì yú shì

無可無不可。』
wú kě wú bù kě

太師摯適齊，亞飯干適楚，三飯繚
tài shī zhì shì qí yà fàn gān shì chǔ sān fàn liáo

適蔡，四飯缺適秦。鼓方叔入于河，播
shì cài sì fàn quē shì qín gǔ fāng shū rù yú hé bō

鼗武入于漢，少師陽、擊磬襄入于海。
táo wǔ rù yú hàn shào shī yáng jī qìng xiāng rù yú hǎi

周公謂魯公曰：『君子不施其
zhōu gōng wèi lǔ gōng yuē jūn zǐ bù chí qí

親，不使大臣怨乎不以。故舊無大
qīn bù shǐ dà chén yuàn hū bù yǐ gù jiù wú dà

故，則不棄也。無求備于一人。』
gù zé bú qì yě wú qiú bèi yú yì rén

周有八士：伯達、伯適、仲突、仲
zhōu yǒu bā shì bó dá bó kuò zhòng tū zhòng

忽、叔夜、叔夏、季隨、季騧。
hū shū yè shū xià jì suí jì guā

子張第十九
zi zhāng dì shí jiǔ

子張曰：「士見危致命，見得思
zǐ zhāng yuē shì jiàn wēi zhì mìng jiàn dé sī

義，祭思敬，喪思哀，其可已矣。」
yì jì sī jìng sāng sī āi qí kě yǐ yǐ

子張曰：「執德不弘，信道不篤，焉
zǐ zhāng yuē zhí dé bù hóng xìn dào bù dǔ yān

能爲有？焉能爲亡？」
néng wéi yǒu yān néng wéi wú

子夏之門人問交於子張。子張
zǐ xià zhī mén rén wèn jiāo yú zǐ zhāng zǐ zhāng

曰：「子夏云何？」對曰：「子夏曰：『可者
yuē zǐ xià yún hé duì yuē zǐ xià yuē kě zhě

與之，其不可者拒之。』」子張曰：「異
yǔ zhī qí bù kě zhě jù zhī zǐ zhāng yuē yì

乎吾所聞：君子尊賢而容衆，嘉善而
hū wú suǒ wén jūn zǐ zūn xián ér róng zhòng jiā shàn ér

矜不能。我之大賢與，于人何所不容？我之不賢與，人將拒我，如之何其拒人也？』

子夏曰：『雖小道，必有可觀者焉；致遠恐泥，是以君子不爲也。』

子夏曰：『日知其所亡，月無忘其所能，可謂好學也已矣！』

子夏曰：『博學而篤志，切問而近思，仁在其中矣。』

子夏曰：『百工居肆以成其事，君子學以致其道。』

子夏曰：『小人之過也必文。』

子夏曰：『君子有三變：望之儼然，即之也溫，聽其言也厲。』

子夏曰：『君子信而後勞其民；未信，則以爲厲己也。信而後諫；未信，則以爲謗己也。』

子夏曰：『大德不逾閑，小德出入

可也。』
kě yě

子游曰：『子夏之門人小子，當灑
zǐ yóu yuē zǐ xià zhī mén rén xiǎo zǐ dāng sǎ

掃、應對、進退，則可矣。抑末也，本之
sǎo yìng duì jìn tuì zé kě yǐ yì mò yě běn zhī

則無，如之何？』子夏聞之，曰：『噫！
zé wú rú zhī hé zǐ xià wén zhī yuē yī

言游過矣！君子之道，孰先傳焉？孰
yán yóu guò yǐ jūn zǐ zhī dào shú xiān chuán yān shú

後倦焉？譬諸草木，區以別矣。君子之
hòu juàn yān pì zhū cǎo mù qū yǐ bié yǐ jūn zǐ zhī

道，焉可誣也？有始有卒者，其惟聖人
dào yān kě wū yě yǒu shǐ yǒu zú zhě qí wéi shèng rén

乎！』
hū

子夏曰：『仕而優則學，學而優則
zǐ xià yuē shì ér yōu zé xué xué ér yōu zé

仕。」

子游曰：「喪致乎哀而止。」

子游曰：「吾友張也，爲難能也！然而未仁。」

曾子曰：「堂堂乎張也，難與並爲仁矣。」

曾子曰：「吾聞諸夫子：人未有自致者也，必也親喪乎？」

曾子曰：「吾聞諸夫子：孟莊子之

孝也，其他可能也；其不改父之臣與
xiào yě, qí tā kě néng yě; qí bù gǎi fù zhī chén yǔ

父之政，是難能也。』
fù zhī zhèng, shì nán néng yě.

孟氏使陽膚爲士師，問與曾子。曾
mèng shì shǐ yáng fū wéi shì shī, wèn yǔ zēng zǐ. zēng

子曰：『上失其道，民散久矣！如得其
zǐ yuē: shàng shī qí dào, mín sàn jiǔ yǐ! rú dé qí

情，則哀矜而勿喜。』
qíng, zé āi jīn ér wù xǐ.

子貢曰：『紂之不善，不如是之甚
zǐ gòng yuē: zhòu zhī bú shàn, bù rú shì zhī shèn

也。是以君子惡居下流，天下之惡皆
yě. shì yǐ jūn zǐ wù jū xià liú, tiān xià zhī è jiē

歸焉。』
guī yān.

子貢曰：『君子之過也，如日月之
zǐ gòng yuē: jūn zǐ zhī guò yě, rú rì yuè zhī

食焉：過也，人皆見之；更也，人皆仰
shí yān guò yě rén jiē jiàn zhī gēng yě rén jiē yǎng

之。」
zhī

衛公孫朝問于子貢曰：「仲尼焉
wèi gōng sūn cháo wèn yú zǐ gòng yuē zhòng ní yān

學？」子貢曰：「文武之道，未墜于地，在
xué zǐ gòng yuē wén wǔ zhī dào wèi zhuì yú dì zài

人。賢者識其大者，不賢者識其小
rén xián zhě zhì qí dà zhě bù xián zhě zhì qí xiǎo

者。莫不有文武之道焉。夫子焉不
zhě mò bù yǒu wén wǔ zhī dào yān fū zǐ yān bù

學？而亦何常師之有？」
xué ér yì hé cháng shī zhī yǒu

叔孫武叔語大夫于朝，曰：「子貢
shū sūn wǔ shū yǔ dà fū yú cháo yuē zǐ gòng

賢于仲尼。」子服景伯以告子貢。子
xián yú zhòng ní zǐ fú jǐng bó yǐ gào zǐ gòng zǐ

貢曰：『譬之宮墻，賜之墻也及肩，窺
gòng yuē pì zhī gōng qiáng cì zhī qiáng yě jí jiān kuī

見室家之好；夫子之墻數仞，不得
jiàn shì jiā zhī hǎo fū zǐ zhī qiáng shù rèn bù dé

其門而入，不見宗廟之美、百官之
qí mén ér rù bú jiàn zōng miào zhī měi bǎi guān zhī

富。得其門者或寡矣。夫子之云，不
fù dé qí mén zhě huò guǎ yǐ fū zǐ zhī yún bú

亦宜乎！』
yì yí hū

叔孫武叔毀仲尼。子貢曰：『無
shū sūn wǔ shū huǐ zhòng ní zǐ gòng yuē wú

以爲也！仲尼不可毀也。他人之賢
yǐ wéi yě zhòng ní bù kě huǐ yě tā rén zhī xián

者，丘陵也，猶可逾也；仲尼，日月
zhě qiū líng yě yóu kě yú yě zhòng ní rì yuè

也，無得而逾焉。人雖欲自絶，其何
yě wú dé ér yú yān rén suī yù zì jué qí hé

傷于日月乎？多見其不知量也！』

陳子禽謂子貢曰：『子爲恭也，仲尼豈賢與子乎？』子貢曰：『君子一言以爲知，一言以爲不知，言不可不慎也。夫子之不可及也，猶天之不可階而升也。夫子之得邦家者，所謂立之斯立，道之斯行，綏之斯來，動之斯和，其生也榮，其死也哀。如之何其可及也？』

堯曰第二十

yáo yuē dì èr shí

堯曰：『咨！爾舜！天之曆數在爾躬，允執其中。四海困窮，天祿永終。』舜亦以命禹。曰：『予小子履，敢用玄牡，敢昭告于皇皇后帝：有罪不敢赦。帝臣不蔽，簡在帝心。朕躬有罪，無以萬方；萬方有罪，罪在朕躬。』周有大賚，善人是富。『雖有周親，不如仁人。百姓有過，在予一人。謹權量，審法度，修廢

yáo yuē zī ěr shùn tiān zhī lì shù zài ěr gōng yǔn zhí qí zhōng sì hǎi kùn qióng tiān lù yǒng zhōng shùn yì yǐ mìng yǔ yuē yú xiǎo zǐ lǚ gǎn yòng xuán mǔ gǎn zhāo gào yú huáng huáng hòu dì yǒu zuì bù gǎn shè dì chén bú bì jiǎn zài dì xīn zhèn gōng yǒu zuì wú yǐ wàn fāng wàn fāng yǒu zuì zuì zài zhèn gōng zhōu yǒu dà lài shàn rén shì fù suī yǒu zhōu qīn bù rú rén rén bǎi xìng yǒu guò zài yú yī rén jǐn quán liàng shěn fǎ dù xiū fèi

官，四方之政行焉。興滅國，繼絕世，舉逸民，天下之民歸心焉。所重：民、食、喪、祭。寬則得眾，信則民任焉，敏則有功，公則說。』

子張問于孔子曰：『何如斯可以從政矣？』子曰：『尊五美，屏四惡，斯可以從政矣。』子張曰：『何謂五美？』子曰：『君子惠而不費，勞而不怨，欲而不貪，泰而不驕，威而不猛。』子張

曰：『何謂惠而不費？』子曰：『因民之所
利而利之，斯不亦惠而不費乎？擇可
勞而勞之，又誰怨？欲仁而得仁，
又焉貪？君子無衆寡，無小大，無敢
慢，斯不亦泰而不驕乎？君子正其衣
冠，尊其瞻視，儼然人望而畏之，斯
不亦威而不猛乎？』子張曰：『何謂四
惡？』子曰：『不教而殺謂之虐；不戒視
成謂之暴；慢令致期謂之賊；猶之

與人也，出納之吝，謂之有司。』

yǔ rén yě, chū nà zhī lìn, wèi zhī yǒu sī.

孔子曰：『不知命，無以爲君子也；不知禮，無以立也；不知言，無以知人也。』

kǒng zǐ yuē: bù zhī mìng, wú yǐ wéi jūn zǐ yě; bù zhī lǐ, wú yǐ lì yě; bù zhī yán, wú yǐ zhī rén yě.

大學

dà xué

大學之道，在明明德，在親民，在
dà xué zhī dào, zài míng míng dé, zài xīn mín, zài

止于至善。知止而後有定，定而後能
zhǐ yú zhì shàn. zhī zhǐ ér hòu yǒu dìng, dìng ér hòu néng

静，静而後能安，安而後能慮，慮而
jìng, jìng ér hòu néng ān, ān ér hòu néng lǜ, lǜ ér

後能得。物有本末，事有終始，知所
hòu néng dé. wù yǒu běn mò, shì yǒu zhōng shǐ, zhī suǒ

先後，則近道矣。
xiān hòu, zé jìn dào yǐ.

古之欲明明德于天下者，先治
gǔ zhī yù míng míng dé yú tiān xià zhě, xiān zhì

其國；欲治其國者，先齊其家；欲齊
qí guó; yù zhì qí guó zhě, xiān qí qí jiā; yù qí

其家者，先修其身；欲修其身者，先
qí jiā zhě, xiān xiū qí shēn; yù xiū qí shēn zhě, xiān

正其心；欲正其心者，先誠其意；欲
zhèng qí xīn; yù zhèng qí xīn zhě, xiān chéng qí yì; yù

誠其意者，先致其知；致知在格物。
chéng qí yì zhě, xiān zhì qí zhī; zhì zhī zài gé wù.

物格而後知至，知至而後意誠，意
wù gé ér hòu zhī zhì, zhī zhì ér hòu yì chéng, yì

誠而後心正，心正而後身修，身修而
chéng ér hòu xīn zhèng, xīn zhèng ér hòu shēn xiū, shēn xiū ér

後家齊，家齊而後國治，國治而後天
hòu jiā qí, jiā qí ér hòu guó zhì, guó zhì ér hòu tiān

下平。
xià píng.

自天子以至于庶人，壹是皆以修
zì tiān zǐ yǐ zhì yú shù rén, yī shì jiē yǐ xiū

身爲本。其本亂而末治者，否矣；其
shēn wéi běn. qí běn luàn ér mò zhì zhě, fǒu yǐ; qí

所厚者薄，而其所薄者厚，未之有
suǒ hòu zhě bó, ér qí suǒ bó zhě hòu, wèi zhī yǒu

也。此謂知本，此謂知之至也。
yě. cǐ wèi zhī běn, cǐ wèi zhī zhī zhì yě.

所謂誠其意者，毋自欺也。如惡
suǒ wèi chéng qí yì zhě wú zì qī yě rú wù

惡臭，如好好色，此之謂自謙。故君子
è xiù rú hào hǎo sè cǐ zhī wèi zì qiān gù jūn zǐ

必慎其獨也。小人閑居爲不善，無所不
bì shèn qí dú yě xiǎo rén xián jū wéi bú shàn wú suǒ bú

至；見君子而後厭然，掩其不善，而
zhì jiàn jūn zǐ ér hòu yàn rán yǎn qí bú shàn ér

著其善。人之視己，如見其肺肝然，
zhù qí shàn rén zhī shì jǐ rú jiàn qí fèi gān rán

則何益矣？此謂誠于中，形于外。故
zé hé yì yǐ cǐ wèi chéng yú zhōng xíng yú wài gù

君子必慎其獨也。曾子曰：『十目所
jūn zǐ bì shèn qí dú yě zēng zǐ yuē shí mù suǒ

視，十手所指，其嚴乎！』富潤屋，德
shì shí shǒu suǒ zhǐ qí yán hū fù rùn wū dé

潤身，心廣體胖。故君子必誠其意。
rùn shēn xīn guǎng tǐ pán gù jūn zǐ bì chéng qí yì

《詩》云：『瞻彼淇澳，菉竹猗猗；有斐君子，如切如磋，如琢如磨；瑟兮僩兮，赫兮暄兮；有斐君子，終不可諠兮。』『如切如磋』者，道學也；如琢如磨者，自修也；瑟兮僩兮者，恂慄也；赫兮喧兮者，威儀也；有斐君子，終不可諠兮者，道盛德至善，民之不能忘也。

《詩》云：『於戲前王不忘。』君子

賢其賢而親其親，小人樂其樂而利
xián qí xián ér qīn qí qīn, xiǎo rén lè qí lè ér lì

其利，此以沒世不忘也。
qí lì, cǐ yǐ mò shì bú wàng yě.

《康誥》曰：「克明德。」《大甲》
《kāng gào》yuē:「kè míng dé.」《tài jiǎ》

曰：「顧諟天之明命。」《帝典》曰：「克
yuē:「gù shì tiān zhī míng mìng.」《dì diǎn》yuē:「kè

明峻德。」皆自明也。
míng jùn dé.」jiē zì míng yě.

湯之《盤銘》曰：「苟日新，日日
tāng zhī《pán míng》yuē:「gǒu rì xīn, rì rì

新，又日新。」《康誥》曰：「作新民。」
xīn, yòu rì xīn.」《kāng gào》yuē:「zuò xīn mín.」

《詩》曰：「周雖舊邦，其命惟新。」是
《shī》yuē:「zhōu suī jiù bāng, qí mìng wéi xīn.」shì

故君子無所不用其極。
gù jūn zǐ wú suǒ bú yòng qí jí.

《詩》云：『邦畿千里，惟民所止。』
shī yún bāng jī qiān lǐ wéi mín suǒ zhǐ

《詩》云：『緡蠻黃鳥，止于丘隅。』子
shī yún mín mán huáng niǎo zhǐ yú qiū yú zǐ

曰：『于止，知其所止，可以人而不如
yuē yú zhǐ zhī qí suǒ zhǐ kě yǐ rén ér bù rú

鳥乎？』《詩》云：『穆穆文王，於緝熙
niǎo hū shī yún mù mù wén wáng wū jī xī

敬止。』爲人君，止于仁；爲人臣，止
jìng zhǐ wéi rén jūn zhǐ yú rén wéi rén chén zhǐ

于敬；爲人子，止于孝；爲人父，止于
yú jìng wéi rén zǐ zhǐ yú xiào wéi rén fù zhǐ yú

慈；與國人交，止于信。
cí yǔ guó rén jiāo zhǐ yú xìn

子曰：『聽訟，吾猶人也；必也使
zǐ yuē tīng sòng wú yóu rén yě bì yě shǐ

無訟乎！』無情者，不得盡其辭，大畏
wú sòng hū wú qíng zhě bù dé jìn qí cí dà wèi

民志。此謂知本。
mín zhì. cǐ wèi zhī běn.

所謂修身在正其心者：身有所忿懥，則不得其正；有所恐懼，則不得其正；有所好樂，則不得其正；有所憂患，則不得其正。心不在焉，視而不見，聽而不聞，食而不知其味。此謂修身在正其心。
suǒ wèi xiū shēn zài zhèng qí xīn zhě: shēn yǒu suǒ fèn zhì, zé bù dé qí zhèng; yǒu suǒ kǒng jù, zé bù dé qí zhèng; yǒu suǒ hào lè, zé bù dé qí zhèng; yǒu suǒ yōu huàn, zé bù dé qí zhèng. xīn bú zài yān, shì ér bú jiàn, tīng ér bù wén, shí ér bù zhī qí wèi. cǐ wèi xiū shēn zài zhèng qí xīn.

所謂齊其家在修其身者：人之其所親愛而辟焉，其所賤惡而辟
suǒ wèi qí qí jiā zài xiū qí shēn zhě: rén zhī qí suǒ qīn ài ér pì yān, qí suǒ jiàn wù ér pì

焉，之其所畏敬而辟焉，之其所哀矜
yān， zhī qí suǒ wèi jìng ér pì yān， zhī qí suǒ āi jīn

而辟焉，之其所敖惰而辟焉。故好而
ér pì yān， zhī qí suǒ áo duò ér pì yān。 gù hào ér

知其惡，惡而知其美者，天下鮮矣。故
zhī qí è， wù ér zhī qí měi zhě， tiān xià xiǎn yǐ。 gù

諺有之曰：『人莫知其子之惡，莫知
yàn yǒu zhī yuē：『rén mò zhī qí zǐ zhī è， mò zhī

其苗之碩。』此謂身不修，不可以齊
qí miáo zhī shuò。』 cǐ wèi shēn bù xiū， bù kě yǐ qí

其家。
qí jiā。

所謂治國必先齊其家者：其家
suǒ wèi zhì guó bì xiān qí qí jiā zhě： qí jiā

不可教，而能教人者，無之。故君子
bù kě jiào， ér néng jiào rén zhě， wú zhī。 gù jūn zǐ

不出家，而成教于國。
bù chū jiā， ér chéng jiào yú guó。

孝者，所以事君也；弟者，所以
事長也；慈者，所以使眾也。《康誥》
曰：『如保赤子。』心誠求之，雖不中，不
遠矣。未有學養子而後嫁者也。
一家仁，一國興仁；一家讓，一
國興讓；一人貪戾，一國作亂。其機
如此，此謂一言僨事，一人定國。堯
舜率天下以仁，而民從之；桀紂率
天下以暴，而民從之。其所令反其所

好，而民不從。是故君子有諸己，而後求諸人；無諸己，而後非諸人。所藏乎身不恕，而能喻諸人者，未之有也。故治國在齊其家。

《詩》云：『桃之夭夭，其葉蓁蓁。之子于歸，宜其家人。』宜其家人，而後可以教國人。《詩》云：『宜兄宜弟。』宜兄宜弟，而後可以教國人。《詩》云：『其儀不忒，正是四國。』其爲父

子兄弟足法，而後民法之也。此謂治
zǐ xiōng dì zú fǎ, ér hòu mín fǎ zhī yě. cǐ wèi zhì

國在齊其家。
guó zài qí qí jiā.

所謂平天下在治其國者：上老
suǒ wèi píng tiān xià zài zhì qí guó zhě: shàng lǎo

老，而民興孝；上長長，而民興弟；上
lǎo, ér mín xīng xiào; shàng zhǎng zhǎng, ér mín xīng tì; shàng

恤孤，而民不倍。是以君子有絜矩
xù gū, ér mín bù bèi. shì yǐ jūn zǐ yǒu xié jǔ

之道也。所惡于上，毋以使下；所惡
zhī dào yě. suǒ wù yú shàng, wú yǐ shǐ xià; suǒ wù

于下，毋以事上；所惡于前，毋以先
yú xià, wú yǐ shì shàng; suǒ wù yú qián, wú yǐ xiān

後；所惡于後，毋以從前；所惡于
hòu; suǒ wù yú hòu, wú yǐ cóng qián; suǒ wù yú

右，毋以交于左；所惡于左，毋以交
yòu, wú yǐ jiāo yú zuǒ; suǒ wù yú zuǒ, wú yǐ jiāo

于右。此之謂絜矩之道。
yú yòu cǐ zhī wèi xié jǔ zhī dào

《詩》云：『樂祇君子，民之父母。』
shī yún lè zhǐ jūn zǐ mín zhī fù mǔ

民之所好好之，民之所惡惡之，此之
mín zhī suǒ hào hào zhī mín zhī suǒ wù wù zhī cǐ zhī

謂民之父母。《詩》云：『節彼南山，維
wèi mín zhī fù mǔ shī yún jié bǐ nán shān wéi

石岩岩。赫赫師尹，民具爾瞻。』有國
shí yán yán hè hè shī yǐn mín jù ěr zhān yǒu guó

者不可以不慎，辟則爲天下僇矣。
zhě bù kě yǐ bú shèn pì zé wéi tiān xià lù yǐ

《詩》云：『殷之未喪師，克配上
shī yún yīn zhī wèi sàng shī kè pèi shàng

帝。儀監于殷，峻命不易。』道得衆則
dì yí jiān yú yīn jùn mìng bú yì dào dé zhòng zé

得國，失衆則失國。是故君子先慎乎
dé guó shī zhòng zé shī guó shì gù jūn zǐ xiān shèn hū

德。有德此有人，有人此有土，有土此有財，有財此有用。德者本也，財者末也。外本內末，爭民施奪。是故財聚則民散，財散則民聚。是故言悖而出者，亦悖而入；貨悖而入者，亦悖而出。

《康誥》曰：『惟命不于常。』道善則得之，不善則失之矣。《楚書》曰：『楚國無以爲寶，惟善以爲寶。』舅犯曰：『亡人無以為寶，仁親以為寶。』
yuē wáng rén wú yǐ wéi bǎo rén qīn yǐ wéi bǎo

《秦誓》曰：『若有一介臣，斷斷兮無
qín shì yuē ruò yǒu yí jiè chén duàn duàn xī wú

他技，其心休休焉，其如有容焉。人
tā jì qí xīn xiū xiū yān qí rú yǒu róng yān rén

之有技，若己有之；人之彥聖，其心
zhī yǒu jì ruò jǐ yǒu zhī rén zhī yàn shèng qí xīn

好之，不啻若自其口出，寔能容之，以
hào zhī bú chì ruò zì qí kǒu chū shí néng róng zhī yǐ

能保我子孫黎民，尚亦有利哉！人
néng bǎo wǒ zǐ sūn lí mín shàng yì yǒu lì zāi rén

之有技，媢疾以惡之；人之彥聖，而
zhī yǒu jì mào jí yǐ wù zhī rén zhī yàn shèng ér

違之俾不通，寔不能容，以不能保我
wéi zhī bǐ bù tōng shí bù néng róng yǐ bù néng bǎo wǒ

子孫黎民，亦曰殆哉！』
zǐ sūn lí mín yì yuē dài zāi

唯仁人放流之，迸諸四夷，不與
同中國。此謂唯仁人爲能愛人，能惡
人。見賢而不能舉，舉而不能先，命
也；見不善而不能退，退而不能遠，過
也。好人之所惡，惡人之所好，是謂
拂人之性，菑必逮夫身。是故君子有
大道，必忠信以得之，驕泰以失之。
生財有大道：生之者衆，食之者
寡，爲之者疾，用之者舒，則財恒足

矣。仁者以財發身，不仁者以身發財。
yǐ rén zhě yǐ cái fā shēn bù rén zhě yǐ shēn fā cái

未有上好仁，而下不好義者也；
wèi yǒu shàng hào rén ér xià bù hǎo yì zhě yě

未有好義，其事不終者也；未有府
wèi yǒu hào yì qí shì bù zhōng zhě yě wèi yǒu fǔ

庫財，非其財者也。孟獻子曰：『畜馬
kù cái fēi qí cái zhě yě mèng xiàn zǐ yuē xù mǎ

乘，不察于雞豚；伐冰之家，不畜牛
shèng bù chá yú jī tún fá bīng zhī jiā bú xù niú

羊；百乘之家，不畜聚斂之臣；與其
yáng bǎi shèng zhī jiā bú xù jù liǎn zhī chén yǔ qí

有聚斂之臣，寧有盜臣。』此謂國不
yǒu jù liǎn zhī chén nìng yǒu dào chén cǐ wèi guó bù

以利爲利，以義爲利也。長國家而務
yǐ lì wéi lì yǐ yì wéi lì yě zhǎng guó jiā ér wù

財用者，必自小人矣。彼爲善之。小人
cái yòng zhě bì zì xiǎo rén yǐ bǐ wéi shàn zhī xiǎo rén

之使爲國家，菑害并至，雖有善者，亦
zhī shǐ wéi guó jiā, zāi hài bìng zhì, suī yǒu shàn zhě, yì

無如之何矣。此謂國不以利爲利，以
wú rú zhī hé yǐ. cǐ wèi guó bù yǐ lì wéi lì, yǐ

義爲利也。
yì wéi lì yě.